Aquis submersus

Theodor Storm

익사한 아이

1판 1쇄 발행 2018년 9월 20일

지은이 | 테오도어 슈토름
옮긴이 | 염승섭
발행인 | 신현부

발행처 | 부북스
주소 | 04601 서울시 중구 동호로17길 256—15 (신당동)
전화 | 02—2235—6041
팩스 | 02—2253—6042
이메일 | boobooks@naver.com

ISBN 979-11-86998-70-0

이 도서의 국립중앙도서관 출판예정도서목록(CIP)은 서지정보유통지원시스템 홈페이지
(http://seoji.nl.go.kr)와 국가자료공동목록시스템(http://www.nl.go.kr/kolisnet)에서 이용
하실 수 있습니다.(CIP제어번호: CIP2018029263)

부클래식

074

———

익사한 아이

테오도어 슈토름

염승섭 옮김

차례

머리말

테오도어 슈토름(Theodor Storm, 1817~1888)은 독일문학사에서 19세기 후반 '시적 사실주의 poetischer Realismus'를 대변하는 주요 작가로 동시대의 다른 작가들─ 에두아르드 뫼리케(Eduard Mörike, 1804~1875), 파울 하이제(Paul Heyse, 1830~1914), 테오도어 폰타네(Theodor Fontane, 1819~1898) 등─과 활발히 교류하며 그 나름대로의 특유한 문학을 발전시켰다. 이 네 작가들은 그들의 지역적 분포를 놓고 크게 보면, 그들의 활동무대에서도 상당한 대조를 이루어 흥미롭다. 슈토름은 그의 고향 후줌(Husum)과 슐레스비히-홀슈타인, 즉 북독의 해안문화권을, 뫼리케는 슈투트가르트를 중심으로한 슈바벤 지방의 정서를, 하이제는 뮌헨을 중심으로 한 교양전통을, 폰타네는 베를린을 배경으로 한 프로이센 문화 전통을 각각 대변한다고 볼 수 있다. 슈토름은 그의 초기 노벨레《임멘 호수 Immensee》를 통해 전 세계적으로 그의 명성을 날렸다. 게다가 그의 고향산천과 건강한 자연미 등이 그 작품세계에서 돋보임에 따라 '향토문학 Heimatliteratur'의 대변자로 급부상하게 되어 나치시대를 거쳐 현대에 이르기까지 괴테와 실러(Schiller)와 더불어 독일 교과서에 가장 많이 실리게 된 시인으로 간주된다. 우리나라에서도 일제(日帝)시대의 독문학을 경험하고 전수(傳授)한 제1세대에 의하여 슈토름의 《임멘 호수》는 널리 보급되었다. 본 필자도 많은 동시대인들과 더불어 그의 본격적 독일어 수업을 그 노벨레로 시작했다고 해도 과언이 아니다. 한국에서 이 노벨레는 이미 여러 출판사에서 번역본으로 나와 있다. 또한 슈토름의 최대 역작인 《백마를 탄 사람》과 더불어 두세 다른 단편들도 번역되어 있다. 그런데 필자의 견해로는 슈토름의 핵심 노벨레라고 간주될 수 있는 《익사한 아이》가 아직 번역되어 있지 않다. 이 작품은 《임멘 호수》와 《백마를 탄 사람》과 더불어 슈토름을 시인 작가로 평가함에 있어 각별한 대표성을 지니고 있다고 사료된다. 그래서 부북스출판사 신현부 대표와 상의한 끝에 슈토름 문학을 제대로 대변하기 위한 노력의 일환으로 그 작품에 《임멘 호수》와 《삼색제비꽃》을 추가하게 되었다.

본 번역의 대본으로는 테오도어 《슈토름 전집 Theodor Storm, Sämtliche Werke, Winkler Verlag München 1982》을 사용했음을 밝혀둔다.

2018년 9월
염승섭

익사한 아이[01]

예전엔 공작(公爵)령에 속했으나 아득한 옛날부터 아주 방치된 저 '궁성(宮城) 정원'에 있는 서어나무[02] 울타리들은, 한때 고풍스러운 프랑스식으로 쭉 펼쳐져 있었지만 이미 나의 소년시절에 좁고 어렴풋한 가로수 길로 변질되어 있었다. 하지만 그것들이 아직 몇몇 잎사귀를 지니고 있기에, 우리 이곳 사람들은 그 나무 잎사귀에 연연하지 않고 그런 대로 그 길들을 소중히 여길 줄 안다. 특히 우리 사색을 즐기는 사람들 가운데 이 사람 또는 저 사람은 항상 그곳에서 만나곤 하기 때문이다. 그 당시에 우리는 드문드문 그늘이 있는 곳을 지나 정원의 북

---

01 익사한 아이 원문의 'Aquis submersus 물에서 가라앉은 자' 참조.

02 목재가 단단하여 '강철나무'라고 불리기도 한다. 가구로 사용되지는 않고 주로 도구로 많이 사용된다.

서쪽 구석에 위치하며, 작은 양어지(養魚池)의 바짝 마른 바닥을 굽어보고 있는 언덕, 흔히 '산'이라고 일컬어지는 그곳을 향해 산책을 하곤 했는데, 거기서부터 아주 멀리까지 전망이 확 터져 있었다.

대부분의 사람들은 아마도 서쪽으로 시선을 돌려 습지대의 연초록과 더 나아가 길게 뻗은 섬의 그림자가 어른거리는 바다의 은회색 물결을 즐겨 보고자 할 것이다. 하지만 내 눈은 나도 모르게 북쪽을 향하는데, 약 5km도 떨어지지 않은 곳에, 회색빛 교회 첨탑이 황량하나 좀 높은 위치인 해안지대에서 솟아오른 것을 보기 위함이다. 왜냐하면 거기가 나의 청춘이 깃들어 있는 장소 중 하나이기 때문이다.

이 마을 출신 목사 아들은 나와 함께 고향 도시에 있는 '김나지움'[03]을 다녔는데, 우리는 수도 없이 토요일 오후가 되면 거기로 산책을 갔다가 일요일 저녁이나 월요일 새벽에 '네포스'[04] 수업이나 그 후로는 '키케로'[05] 수업에 참여하기 위해 도시로 되돌아오곤 하였다. 그 당시만 하더라도 그 길의 중간 지점에는 상당량의 히스 황무지가 끊이지 않고 있어서 한쪽으

---

03 원문의 'Gelehrtenschule 김나지움'은 여기서 8년제 초등학교의 5년부터 8년까지의 고전문법 학교로 라틴문법을 주요 학과로 삼았음.

04 원문의 'Nepos'는 '위인전'을 저작한 로마의 사가(史家)로 기원 전 32년 후에 사망.

05 원문의 'Cicero'는 시자와 동시대인으로 정치가와 문필가로 명성을 얻음.

로는 거의 도시까지, 또 다른 쪽으로는 마을까지 뻗어 있었다. 여기에 꿀벌들과 흰회색 땅벌들이 향기로운 히스의 꽃들 위에서 붕붕대고 그것의 말라빠진 줄기들 밑에는 아름다운 금빛 초록색 딱정벌레가 기어 다녔다. 여기에 에리카꽃들과 진이 많은 소귀나무들의 향기로운 구름들 속에서 어디서도 볼 수 없는 나비들이 너울너울 날아다니고 있었다. 친구는 부모님 집에 빨리 도착하고 싶은데, 꿈 많은 이 친구를 끌고 이 모든 장관(壯觀)들을 거치며 가느라 어지간히 애를 먹었다. 하지만 우리가 그 경작지에 도달하기만 하면, 가는 발걸음은 훨씬 더 즐거웠다. 그런 다음 우리가 긴 모랫길을 애써 올라가고 나면, 갑자기 거기에 짙은 초록빛 라일락 딱총나무 울타리 너머로 목사관의 박공이 보였는데, 작고 불투명한 창유리를 한 집주인의 서재가 위에서 낯익은 방문객들을 맞이하는 것이었다.

목사님 댁에서는, 친구가 외아들이어서, 우리는 언제나 과분하게—이곳 사람들의 말투를 빌리면, 네 쪽짜리 엘레[06]를 다섯 쪽을 쳐서—대접을 받았고, 게다가 그 멋진 식사는 별도였다. 이끼 낀 밀짚 지붕 위로 드높이 가지들을 살랑거리는 은백양나무, 마을에서 유달리 높고 그래서 유달리 유혹적인 은백양나무는, 에덴의 사과나무처럼 우리에게 금단(禁斷)이어서

06　원어 'Elle'는 독인의 옛 치수 이름으로 약 66cm.

우리는 그저 몰래 거기를 기어오르곤 했다. 그 밖에는, 내가 곰곰이 생각해보는 한, 모든 것이 허용되고 또 우리의 나이에 따라 십분 활용되었다.

드넓은 '목사관 목초지'[07]가 우리 활동의 주요 무대였고, 정원에서 그리로 들어가는 작은 문이 있었다. 여기서, 우리는 어린 소년의 타고난 본능으로 종달새와 회색 멧새의 둥지들을 찾아낸 다음, 두 시간이 흐르는 동안, 얼마나 그 알들이 부화했는지 또는 그 새끼들이 얼마나 자랐는지를 알아보려고 거기를 자주 들여다보곤 했다. 또 여기, 지금 생각해보면 저 포플러나무 못지않게 위험한 깊은 연못이 있었는데, 그 언저리에는 오래된 버드나무 그루터기들로 빽빽이 차일었고, 그곳에서 우리가 '물의 프랑스인들'이라고 명명한 저 날렵한 검은 딱정벌레들을 잡거나 또는 어떤 때는 우리가 임시변통으로 만들어 놓은 선창에서 호두 껍데기들과 상자덮개들로 만든 전함들을 띄우기도 했다. 늦은 여름에는 목사관 정원에서, 연못 저편 맞은편에 있는 교회 관리인의 정원으로 약탈행각에 나서는 일도 자주 있었다. 왜냐하면 우리는 그곳에서 발육이 불량한 사과나무 두 구루에서 우리의 십일조(十一租)를 받아 냈고, 그 때문에 우리는 가끔 온화한 노인으로부터 우호적인 질책을 받았다. 그렇게나 많은 내 청춘의 기쁨들이 여기 이

---

07   원어 'Priesterkoppel'은 공유지를, 그 당시 관행에 따라, 울로 둘러치어 만든 전용 사유 목초지.

목사관 목초지에서 자란 반면 그 척박한 모래땅에서 다른 꽃들은 자라날 수가 없었다. 아직도 오늘날, 그 시절이 내게 생생하게 다가오면, 여기 둔덕마다 무리를 지어 자라나곤 했던 노란 꽃 머리 쑥국화들의 짙은 향기조차 기억에 떠올릴 수 있다.

그럼에도 이 모든 활동들은 우리에게 단지 일시적이었다. 그에 반해 나의 지속적인 관심을 불러일으킨 것은 다른 어떤 것이었는데, 그것에 비견할 만한 것은 심지어 도시에도 없었다. 내가 이렇게 뜸을 들이며 말하는 것은, 진흙을 사용하는 말벌들이 마구간의 담벼락 이음새들마다 튀어나오게 만든 깔때기 모양을 의미하지 않는다. 물론 온화한 정오의 시간에 이 부지런한 곤충들이 들락날락 날아다니는 것을 관찰하는 것이 충분히 멋진 일이지만 말이다. 내가 말하고자 하는 것은 저 오래되고 유별나게 당당한 마을 교회의 훨씬 더 큰 건축 구조물이다. 교회는 토대에서 높은 첨탑의 널빤지 지붕에 이르기까지 화강암 마름돌로 지어져 있고, 마을의 가장 높은 지점에서 히스 황야, 해변, 늪지를 굽어보는 넓은 조망을 가지고 있었다. 하지만 나에게는 교회의 내부가 가장 큰 매력이었다. 사도 베드로 당신이 전해준 것으로 보이는 엄청나게 큰 열쇠부터가 나의 환상을 자극하였다. 정말로, 우리가 그것을 요행히도 늙은 교회집사로부터 받아내어 문을 열었을 때, 수많은 경이로운 사물들로 안내해주었다. 그것들은 지나간 오랜 시절부터 여기서는 어두운 눈으로, 저기서는 천진하고 경건한 눈으로, 하지만 언제나 신비스러운 침묵 속에서 여기, 우리 살아 있는 사람들을 내다보았다. 거기 교회의 한가운데에 실물보다 크고 섬뜩하게 [예수가 못 박혀있는] 십자가상이 아래로 매달려 있었는데, 그것의 수척한 사지(四肢)와 일그러진 얼굴은 피범벅이 되어 있었다. 그것의 한 측면 쪽으로는, 둥지처럼 벽기둥에 들어선, 깎아서 만든 갈색 설교단이 있었다. 설교단 표면에는 뒤엉킨 과일과 잎들로부터 빠져나오려고 애쓰는 것처럼 보이는 온갖 기괴한 동물들과 악마들의 얼굴들이 있었다. 하지만 내게 특별한 매력을 행사한 것은 합창대석에 있는 큰 세공 제단장[08] 앞면이었는데, 그 위에 그리스도의 수난이 바깥세상의 일상생활에서는 결코 볼 수 없는 기이하고 험상궂은 얼굴들로 그려진 인물들 사이에 제시되어 있었다. 마치 가야바[09]나 금빛 갑옷을 입고 십자가형을 받은 이의 성의(聖衣)를 놓고 주사위를 던지고 있던 병사들처럼. 그래도 위로가 되는 것은 이 모든 것과 대조를 이루며, 십자가 밑에 맥없이 쓰러진 막달라 마리아의 순수한 얼굴이었다. 정말 그랬을 거다, 만약 훨씬 더 강한 매력을 지닌 다른 어떤 신비함이 계속해서 나를 그녀

---

08 원문의 'Altarschrank'는 예전의 제단으로 세 부분으로 되어 있고 그 양 날개는 장같이 짜여 있음.

09 원문의 'Kaiphas 가야바', 예수의 처형을 주장한 대제사장(〈요한복음〉 18.14 참조).

로부터 떼어놓지 않았다면, 그녀는 나의 소년다운 마음을 어떤 공상적(空想的) 애착으로 쉽게 사로잡았을 것이다.

이 모든 기이하고 족히 섬뜩한 것들 가운데 본당의 회중석에 죽은 아이의 천진난만한 초상화가 걸려 있었다. 그것은 레이스 장식을 한 쿠션 위에 조용히 누워있는 다섯 살 가량 된 아름다운 소년이, 그의 작고 창백한 손에 흰 수련 하나를 쥐고 있었다. 도움을 간구하는 듯한, 미묘한 얼굴은 죽음의 공포 옆에서 아직도 그 생명의 마지막 달콤한 흔적을 지니고 있었다. 내가 이 그림 앞에 섰을 때, 어떤 불가항력적인 동정심이 나를 사로잡았다.

그러나 거기 걸려 있던 것은 그것만이 아니었다. 바로 그 옆에 성직자 복장의 칼라를 하고 성직자 비단 모자를 쓴, 검은 수염에 암울하게 보이는 한 남자가 바라보고 있었다. 나의 친구는 내게 그것이 그 아름다운 소년의 아버지라고 말해주었다. 들리는 말에 의하면, 이 아이가 일찍이 목초지 물웅덩이에서 자기의 죽음을 맞이했다는 것이다. 그 액자 프레임에서 우리는 1666이라는 연도를 읽었다. 그것은 오래전이었다. 나는 이 두 그림들에 언제나 되풀이해서 마음이 끌렸다. 그 아이의 삶과 죽음에 관해, 그것이 아무리 사소한 것이라 해도, 더 자세한 것을 알아보고 싶은 욕망에 나의 상상력이 사로잡혔다. 성직자 복장에도 불구하고 거의 저 제단 장의 병사들을 연상케 했던 아버지의 암울한 용모에서조차 나는 어떤 정보를 얻어내려고 애썼다.

　어스름한 오래된 교회를 그렇게 응시하고 난 다음에, 선량
한 목사 내외의 집은 더욱더 친절하게 보였다. 그 집도 오래
된 건 마찬가지였다. 그런 고로 내 친구의 아버지는, 내가 기
억하는 한, 집을 신축하기를 원했다. 하지만 교회 집사의 집도
마찬가지로 노쇠한 상태에 처해 있었는데, 재건축은 이루어
지지 않았다. 그럼에도 오래된 집의 방들은 얼마나 안락했던
가! 겨울에는 홀 오른편의 작은 방에, 여름엔 그 왼편의 좀 더
큰 방에, 회반죽을 바른 벽에는 종교개혁 연감들에서 잘라 낸
그림들이 작은 마호가니 틀들에 끼워 걸려있었고, 서쪽 창에
서는 오직 단 하나의 풍차가 멀리 보일 뿐이지만, 저녁이면 장
밋빛 낙조로 물들어 온 방 안을 환하게 만들던 드넓은 하늘을
바라볼 수 있었다. 사랑스런 목사댁 사람들, 붉은 벨벳 방석을
깐 안락의자들, 오래된 푹신한 소파, 저녁 때 식탁 위에서 아
늑하게 휘파람 같은 소리를 내는 찻주전자, 그 모든 것은 밝고
다정한 분위기였다. 그런데 어느 날 저녁—우리는 당시 제 이
학급(二學級)[10] 학생들이었다—에 내게 떠오른 생각은, 어떤 과
거가 이 방들에 깃들어 있었을까, 혹은 초상화의 주인공인 그
아이가 정말 한때 싱싱하고 불그스름한 볼을 하고 이 공간을

10　원문 'Sekundaner'는 독일의 13학년 교육제도에서 졸업연도로부터 제2학년
학생을 가르치며, 한국에서는 고등학교 3학년 학생에 해당됨.

뛰어다녔는가 하는 것이었다. 그리고 이제는 아이의 초상화가 암울한 교회 중앙부의 신도석을 우수 어린 전설적인 매력으로 채우고 있었다.

그런 생각들을 품게 된 동기는 나의 제의에 따라 그날 오후에 교회를 다시 한 번 방문하여, 그때까지 내가 눈여겨보지 못하고, 초상화의 하단의 어두운 구석에 빨간색으로 씌어져 있는 네 개의 문자를 발견한 데서 연유한다.

"저것들이 C. P. A. S.라고 씌어 있어요." 나는 친구의 아버지에게 말했다. "그런데 우리는 그게 무슨 의미인지 알 수가 없네요."

"자," 하고 이분이 대답했다. "그 제명(題銘)은 나도 잘 알고 있다. 또 그 주위를 돌아다니는 풍문을 참작하면, 마지막 두 글자는 아마도 '아퀴스 수브메르수스(Aquis submersus)' 즉 '익사한'이라고, 또는 글자 그대로 '물에서 가라앉은'이라고 해석할 수 있을 것이다. 단지 그 앞 두 문자 'C. P.'의 의미에 대해서는 아직도 여전히 어려움을 겪고 있는 것 같아! 교회 관리인의 젊은 조수는, 제4학급 원문[11]까지 마쳤는데, 그의 견해로는 '카수 페리쿨로소(Casu Periculoso)', 즉 '위험한 우발적 사건으로 인해'라고 이해할 수 있다는 것이야. 하지만 당시의 현명한 어르신네들은, 그 아이가 익사하였다면, 사건은 단순

---

11 'Quuarta'는 독일 대학진학 예비학교에서 한국의 고교 1년 수준임.

히 위험한 것 이상이라고 훨씬 더 논리적으로 생각했어."

나는 열심히 듣고 있었다. "카수(Casu)라고요?" 내가 말했다. "그건 '쿨파(Culpa, 죄로 인해)'라고도 할 수 있지 않을까요?"

"쿨파(Culpa)?" 하고 목사님은 반복했다. "'죄로 인해'?— 그렇다면 누구의 죄지?"

그 순간 늙은 설교자[12]의 음울한 초상화가 나의 마음에 떠올라 이내 더 생각하지 않고 소리쳤다. "왜 '쿨파 파트리스(Culpa Patris, 아버지의 죄로 인해)'라고 하면 안 될까요?"

선량한 목사는 거의 충격을 받았다. "허, 이런, 젊은 친구가" 그가 말하며 경계하는 모양으로 나를 향해 손가락을 쳐들었다. "아버지의 죄로 인해서라고? 그의 음침한 모양새에도 불구하고 우리는 작고한 목회자 동료에게 그런 식으로 죄를 뒤집어씌우지 않네. 게다가 그는 아마도 자신에 관해 십중팔구 그러한 것이 쓰이도록 내버려두지 않았을 것이네."

이 마지막 말은 나의 젊은 이해력에 불을 비추어주는 것 같았다. 그리고 그렇게 해서 제명이 가진 본래의 뜻은 전과 마찬가지로 과거의 한 비밀로 남게 되었다.

저 두 그림은 근처에 걸려 있는 몇 개의 다른 설교자 초상화들과 화풍(畵風)에 있어서도 본질적으로 다르다는 사실은

---

12 원문 'Prediger'는 그 당시, 즉 30년 전쟁이 끝난 후 신·구교의 구분이 확실치 않았던 시대의 목회자를 뜻함.

나 자신에게도 이미 분명해졌었다. 나는 내 친구의 아버지를 통해 이제야, 그 방면의 전문가들이 그 그림에서 그가 전대(前代)의 네덜란드 대가들[13]의 유능한 제자라는 단서를 발견하였다는 사실을, 처음으로 알게 되었던 것이다. 하지만 그런 사람이 어떻게 이 가난한 마을에 흘러들어오게 되었는지, 혹은 그가 어디에서 왔으며, 그의 이름이 무엇이었는지에 대해선 그도 내게 아무 말도 해주지 못했다. 그림 자체는 어떤 이름도 화가를 지칭하는 어떤 표시도 지니고 있지 않았다.

수년이 지나갔다. 우리가 대학을 다니고 있던 동안, 그 선량한 목사는 타계했고, 내 고등학교 친구의 어머니는 친구가 다른 곳의 목사직에 부임하게 되어 그를 따라 이사했다. 내게는 그 마을로 도보여행을 할 이유가 이제는 더 이상 없었다. 그 당시엔 나 자신도 고향 도시에 정착하고 있었던 터라, 나는 어느 친척의 아들을 위해 착한 서민 집에 학생 하숙방을 마련해야만 할 일이 생겼다. 나 자신의 청소년 시절을 생각하며 오후의 햇살을 맞으며 이 거리 저 거리를 어슬렁어슬렁 걷고 있을 때, 시장 한 구석의 어느 박공을 높이 한 오래된 집의 문 위에 저지(低地)독일어로 적힌 제명이 눈에 들어왔는데, 그것을 표준 독일어로 고치면 다음과 같을 것이다.

---

13 15세기와 17세기의 네덜란드의 사실주의 화가들.

연기와 먼지가 사라지는 것과 똑같이

모든 인간의 자식들 또한 그렇게 사라진다.

이 문구들은 청소년들의 눈에는 잘 안 띄웠을 법하였다. 그도 그럴 것이 내가 고등학생 시절에 거기 사는 제과점 주인한테서 뜨거운 긴 빵 하나를 자주 사곤 했지만, 그것을 전혀 눈여겨보지 않았다. 거의 무의식적으로 나는 그 집으로 들어갔다. 그리고 실제로 여기서 나이어린 사촌에 맞는 하숙을 구할 수 있었다. 친절한 제과 장인(匠人)[14]의 말에 따르면, 늙은 이모로부터 집과 사업을 물려받았었는데, 늙은 이모의 방은 수년 전부터 비어 있어서, 벌써 오래전부터 그들은 그 방에 들일 젊은 하숙생을 찾고 있었다는 것이다.

나는 한 층계 위로 안내받고 나서, 우리는 두개의 창문에서 저 아래 넓은 시장 광장이 내려다보이는 천정이 상당히 낮고 구식으로 꾸며진 방으로 들어갔다. 장인의 말에 의하면, 전에는 저 문 앞에 아주 오래된 보리수나무 두 구루가 있었다고 한다. 하지만 나무들이 집 안을 너무 어둡게 하고 게다가 아름다운 전망을 막아버렸기 때문에, 그가 그것들을 베어버리게 했다는 것이다.

우리는 하숙 계약의 세목에 관해 곧 의견의 일치를 보았

---

14 독일에는 거의 모든 직종에 예전부터 내려오는 'Meister 장인' 제도가 있어, 견습공은 그 밑에서 일을 배운다.

다. 바로 그때 우리가 방에 이제 들여 놓아야 할 가구에 관해 얘기를 하는 동안, 나의 시선이 한 장롱의 그늘 속에 걸려있는 유화(油畵)에 닿았는데, 갑자기 그것에 모든 나의 주의력이 집중하였다. 그 그림은 아직 잘 보전되어 있고 검정 의복차림의 진지하고 온화한 모습의 장년(長年) 신사를 보여주었다. 그러한 복장은 17세기 중엽에 군인 경력보다는 국사(國事)나 학문 연구에 종사하던 상류계층 인물들이 착용하곤 했던 것이다.

나의 마음속에 그와 같은 설렘을 야기 시켰던 것은—그 노신사의 머리가 그처럼 아름답고 매력적이고 훌륭하게 그려졌다고 해도—결코 아니었다. 그런데 화가는 자신의 팔로 창백한 소년을 안고 있는데, 아이는 축 늘어진 작은 손에 흰 수련 하나를 쥐고 있었다. 그리고 나는 이 소년을 정말 오래전부터 알고 있었던 것이다. 여기서도 그의 눈을 감게 한 것은 아마도 죽음이 틀림없을 것이었다.

"이 그림은 어디에서 난 것입니까?" 나 또한 내 앞에 서 있는 제과 장인이 설명을 중단하고 있다는 것을 갑자기 의식하게 되어서, 마침내 묻고 말았다.

그는 나를 기이하게 쳐다보았다. "저 오래된 그림말이요? 그건 우리 이모님한테서 물려받은 거요," 그가 대답했다. "그건 수백 년 전에 이곳에 살았다고 하는 화가이자, 이모의 증조부로부터 내려온 것이오. 그로부터 내려오는 여러 잡동사니들이 여전히 거기 있어요."

이런 말을 하면서 그는 참나무로 된 작은 상자를 가리켰는데, 그 위엔 기하학적 도안들이 아주 우아하게 새겨져 있었다.

내가 뚜껑이 벗겨진 채 놓여 있는 상자를 찬장으로부터 끌어내렸을 때, 아주 오래된 글씨체로 적혀진 여러 장의 아주 누렇게 된 원고들이 보였다.

"제가 이 서류들을 읽어도 되겠습니까?" 내가 물었다.

"읽는 게 즐겁다면, 몽땅 집에 가져가시오, 그것들은 그저 오래된 서류들이고, 가치가 없어요."

그럼에도 나는 그에게 청을 해서 서류들을 바로 그 자리에서 읽어도 좋다는 허락을 받았다. 내가 그 그림을 마주하고 귀밑까지 오는 푹신한 안락의자에 앉아 있는 동안, 장인은 여전히 의아해하나 그럼에도 방을 떠나면서 그의 부인이 내게 곧 커피 한 잔을 대접할 것이라고 친절한 약속을 남겼다.

하지만 나는 앉아서 읽기를 작정하고 그렇게 읽어 나가면서 나의 주위의 모든 것을 잊어버렸다.

* * *

그러니까 나는 참말로 우리의 홀슈타인 땅에 다시 돌아왔다. 1661년 칸타테 일요일[15]이었다! 나는 그림 도구들과 그 밖의

15　원문 'Cantate 노래하라', 부활절 후 네 번째 일요일에 부르는 송가, 〈시편〉 98장 1절에서 유래함. "새 노래로 여호와께 찬송하라."

22

짐을 도시에 남겨두고, 바다에서부터 육지위로 솟아오른 5월 초록의 너도밤나무 숲을 통과하는 길을 그저 즐거운 마음으로 그냥 계속 걸어가고 있었다. 내 앞으로 숲속의 새 두세 마리가 여기 저기 날며 깊이 패어진 바퀴자국들에서 그들의 목을 축였다. 간밤에 보슬비가 내렸고 아직 이른 아침나절이라 햇빛이 숲의 어둠을 완전히 물리치지는 않았던 것이다.

숲속 빈터에서 내게 들려오는 저 지빠귀의 맑은 노래 소리는 내 가슴속에서 메아리쳤다. 나의 대가(大家) 반 데르 헬스트 (van der Helst)[16]가 나를 위해 위촉했던 일거리들로 인해 나는 암스테르담에서의 모든 물질적 염려에서 해방되어 있었다. 그리고 나는 아직 상당한 노자(路資)와 함부르크에서 현금으로 바꿀 수 있는 교환어음을 나의 주머니에 지니고 있었다. 게다가 나는 아주 멋지게 옷을 차려 입고 있었다. 나의 모발(毛髮)은 멋 부린 다람쥐 털 장식이 달린 반코트 어깨로 흘러내렸고, 내 옆구리엔 빼놓지 않고 뤼티히[17] 단검을 차고 있었다.

하지만 나의 생각들은 나보다 앞서 달리고 있었다. 나는 언제나 나의 고매하시고 자혜로우신 보호자, 게르하르두스 (Gerhardus) 어르신네의 모습을 눈앞에 그리고, 특히 그가 방문

---

16 바르톨로메우스(Bartholomäus 1613~70))를 말하며 홀란드의 유명한 초상화 화가.

17 원문 'Lütticher Degen 뤼티히 단검'. 벨기에에 있는 뤼티히 시는 중세에 이미 무기제조로 유명하였음.

턱에서 나를 향해 손을 내밀며 부드러운 인사말로 "자, 하느님이 너의 도착을 축복하는구나, 나의 요한네스야!"라고 말하는 것을 상상했다.

그는 일찍이 나의 사랑하는, 아, 너무나도 일찍 영원한 영광 속으로 타계하신 내 아버지와 함께 예나에서 법을 공부하고, 뒤에 가서는 예술과 학문에 매진한 연유로 인해 고 프리드리히 공작[18]의 통찰력 있고 근면한 고문관으로 일하였다, 특히 주립대학을 설립하고자 하던 전자의 노력은 지속된 전쟁으로 무산되고 말았지만 말이다. 그는 귀족이었음에도 나의 사랑하는 아버지를 정말 한결같이 성실하게 대해주었고, 후자가 작고한 후에도, 고아가 된 소년인 나를 기대 이상으로 돌보아주었다. 비단 나의 빈약한 재정 상태를 개선해 주었을 뿐 아니라 홀란드 귀족사회에서의 그의 각별한 친분을 통해 나의 고귀한 대가 반 데르 헬스트가 그의 도제(徒弟)로 나를 받아들이게 한 것이었다.

나는 존경하는 분이 아무 상처를 입지 않고 그의 시골 장원에 머물러 있으리라고 굳게 믿고, 그것에 대해 전지전능한 신에게 얼마나 무한한 감사를 드렸는지 모른다. 그도 그럴 것이 내가 외국에서 예술에 매진하고 있는 동안, 고향 땅에서는 전쟁의 참화가 휩쓸고 지나갔다. 하물며 전쟁에 광분한 스웨

18　원문 'Herzog Friedrich 프리드리히 공작'(1616~59)은 후에 프리드리히 3세 (Friedrich III)로 1648년 덴마크와 노르웨이의 왕으로 선출됨.

덴 인들에 대항하여 왕을 돕고자 진군한 군대가 적들보다도 더 참혹한 피해를 입혔다. 정말이지 많은 교역자(敎役者)들마저 끔찍한 죽음을 맞게 하였던 것이다. 스웨덴 왕 카롤루스[19]의 급작스런 서거로 이제 평화는 왔으나, 전쟁의 끔직한 발자취는 도처에 즐번했다. 내가 아침 산책을 하는 동안, 내가 소년시절에 달콤한 우유를 얻어마시던 여러 농가나 오두막집이 불에 타 길가에 널브러져 있는 것을 보고, 또 이때쯤 호밀이 초록색 싹을 내밀어야할 곳에 잡초만 우거진 많은 밭들을 보았다.

그러나 그런 장면들은 오늘 나를 무겁게 짓누르지 않았다. 나의 유일한 욕구는 어떻게 해야 고귀한 분 당신이 은사와 호의를 어느 무가치한 사람에게 결코 낭비한 것이 아니라는 사실을 나의 예술 작품을 통해 증명해 보일 수 있는가였다. 또는 전쟁 통에 생겨나 아직도 숲속을 배회하며 행패를 부리는 불한당이나 작인배(作人輩)를 생각하지도 않았다. 하지만 어딘지 모르게 나를 불안하게 만드는 것은 어떤 다른 것, 그것은 융커[20] 불프에 대한 생각이었다. 그는 내게 한 번도 상냥한 적이 없었고, 그의 고매한 부친이 내게 베푼 것을 마치 내가 자기의 재산을 훔친 것인 양 간주하기까지 했다. 그리고 여러 번, 특

19　카를 10세(1654~60)로 이름은 구스타브(1622~60).

20　원문 'Junker'는 젊은 토호 귀족아들을 뜻하는데, 독일 야사(野史)에 자주 그 행패가 기록되어 있음.

히 사랑하는 아버지가 타계한 후 이따금씩 내가 영지(領地)에서 휴가를 보낼 때면, 그는 나의 아름다운 날들에 재를 뿌리며 나의 삶을 씁쓸하게 만들었다. 그가 지금 이 순간 그의 아버지의 장원에 있는지 알 길이 없었다. 단지 내가 들은 바로는 그가 평화 조약이 채 체결되기도 전에 스웨덴 장교들과 어울려 노름하고 술을 마셨다고 하는데, 그것은 진정한 홀슈타인 충성심에 어긋나는 것이었다.[21]

이런 식으로 혼자 곰곰이 생각하며 장원과 가까운 거리에 있는 전나무 작은 숲의 지름길로 너도밤나무 숲을 지나갔다. 송진의 그윽한 향기는 사랑스러운 추억처럼 나를 감싸주었다. 그러나 나는 곧 그늘에서 벗어나 휘황찬란한 햇빛 속으로 걸어가고 있었다. 양쪽으로는 초원이 펼쳐져 있고 가장자리는 개암나무 숲들에 둘려 막혀 있었다. 또 그렇게 얼마 가다 보니 나는 장원으로 인도하는 두 줄의 우람한 참나무 사이를 걷고 있는 것이었다.

어떤 불안한 감정이 갑자기 나를 엄습해 왔었는지 모른다—어떤 뚜렷한 이유도 없이, 그 당시 생각으로 그랬다. 그도 그럴 것이 주변에는 하염없이 맑은 햇빛이 가득했고, 저 공중에서는 사랑스럽고 명쾌한 종달새 한 마리의 노래 소리가 울려 퍼졌다. 그리고 보라, 집사가 벌통들을 키 큰 울타리로 둘

21　여기서는 스웨덴과 덴마크 사이의 전쟁 행위(1657~60)와 그에 따른 평화협정을 뜻함. 당시 홀슈타인 주는 덴마크 왕의 지배하에 있었음.

러싸 보관하는 목초지 위에는 오래된 야생 배나무가 푸른 하늘을 배경으로 서서 싱싱한 잎들을 여전히 살랑거리고 있었다.

"안녕한가!" 나는 나직이 말했다. 하지만 그렇게 말하면서 내가 염두에 둔 것은 나무가 아니라 오히려 하느님의 사랑스러운 피조물을 향한 것이었다. 뒤에 가서 그것은 운명적으로 결정되듯이, 내 생애의 모든 행복과 불운, 또한 모든 번민하는 참회가 지금 그리고 영원히 그 안에서 귀결되어질 것이었다. 이 인물은 고매한 대관(大官)님 게르하르두스의 어린 딸이며 융커 불프의 유일한 누이동생인 것이었다.

그러니까, 내가 여기서 처음으로 방학의 전 기간을 보낸 때는 나의 사랑하는 아버지의 별세 후 얼마 안 되어서였다. 그 당시 그녀는 땋은 갈색 머리를 즐겁게 휘날리는 아홉 살 난 어린 소녀였다. 나는 서너 살 더 먹었다. 그러니까 어느 날 아침 나는 늙은 집사 디터리히가 입구 위쪽에서 살고 있는 수위실에서 걸어 나왔다. 그리고 신실한 사람으로서 나는 남자 곁에 작은 침실을 할당받았다. 그는 내게 물푸레나무 석궁을 만들어 주었고 또 거기에 맞는 순 납으로 된 화살들을 주조해 주었다. 그리하여 나는 장원 주변에서 날카롭게 우짖는 상당수의 맹금들을 쏠 차비를 차리고 있는데 그녀가 나를 향해 앞마당에서 깡충 뛰어 왔다.

"그런데 말이야, 요한네스," 그녀가 말했다. "내가 너에게 새집을 보여줄게. 저기 속이 움푹 팬 배나무가 있어. 근데 저 것들은 딱새들이야. 너는 정말 저것들을 쏴서는 안 돼!"

그렇게 말하고 그녀는 벌써 나를 앞질러 뛰어갔다. 그러나 그녀가 나무에 이십 보도 가기도 전에 나는 그녀가 갑자기 멈 춰서는 것을 보았다. "도깨비다, 도깨비!" 그녀는 소리치고 겁 에 질린 듯 작은 두 손을 공중에서 흔들어댔다.

하지만 그것은 커다란 갈색 올빼미 한 마리였는데, 움푹 팬 나무 구멍 위쪽에 앉아서 밖으로 날아 갈 어느 작은 새를 잡을까 하고 내려다보고 있었다. "도깨비다, 도깨비!" 어린 소 녀는 다시 소리쳤다. "쏴라, 요한네스, 쏴!" 하지만 잡아먹고 싶은 욕망으로 인해 귀머거리가 된 올빼미는 그냥 계속 거기 앉아 공동(空洞) 속을 뚫어지게 바라보고 있었다. 그때 나는 그 물푸레나무 활을 당겨 쏘았고 그 결과 맹금은 땅바닥에 떨어 져 실룩거렸다. 하지만 그 나무로부터 지저귀는 한 마리 작은 새가 공중으로 솟구쳐 올랐다.

그때부터 카타리나와 나는 서로에게 좋은 동무가 되었다. 숲 속에서나 정원에서나, 어린 소녀가 있는 곳이면, 어디에서 나 나도 거기 있었다. 하지만 그로 인해 얼마 지나지 않아 적 이 한 명 생길 수밖에 없었다. 그는 쿠르트 폰 데르 리쉬(Kurt von der Risch)였다. 그의 아버지는 거기서 한 시간 쯤 떨어진 거 리에 부유한 장원을 소유하고 있었다. 그는 박식한 개인 가정 교사를 대동(帶同)하고 방문차 가끔 왔는데, 게르하르두스 어르신은 후자와 즐겨 환담을 나누곤 했다. 그가 융커 불프보다 더 어렸기 때문에, 그는 아마도 카타리나와 나에게 더 의존하였다. 하지만 그는 갈색 머리 대관 집 어린 딸에게 각별히 끌리는 듯하였다. 그러나 그것은 정말 헛수고였다. 그녀는 그의 매부리코를 보고는 코웃음을 금치 못했는데, 그건 그 집 사람들 거의 모두에게서 들어나는 바, 그의 덥수룩한 머리털 밑 현저하게 둥근 두 눈들 사이에서 비뚤어졌었다. 그렇다, 그녀는 멀리서 그가 오는 것을 감지하기만 해도 그녀의 작은 머리를 앞으로 내밀면서 외치는 것이었다. "요한네스, 도깨비다, 도깨비!" 그러면 우리는 그 곡물 창고 뒤에 숨거나, 밭들을 타원형으로 감싸며 또 더 나아가 정원의 담장을 끼고 도는 숲속으로 줄행랑을 치곤했다.

폰 데르 리쉬가 이 점을 눈치 채게 되자, 가끔 우리 둘이 서로 머리를 끌어당기는 사건으로 귀결되곤 하였지만, 그가 힘이 세기보다는 후끈 달아오르는 성질 때문에, 대체로 내가 우위에 섰다.

내가 외국으로 여행을 떠나기 전에 게르하르두스 어르신 네에게 작별인사를 드리기 위해 마지막으로 여기서 이삼일 머물렀을 때, 카타리나는 벌써 거의 처녀였다. 그녀의 갈색 머리는 이제 금빛 헤어네트에 감싸여 있었다. 그녀가 속눈썹을 치켜 올릴 때면, 그녀의 눈에서 종종 목격되는 어떤 유희적 번득임으로 인해 내 마음은 어지간히 조마조마하였다. 또한 그녀를 감호하기 위하여 허약한 늙은 숙녀 한 분이, 집 안에서는 그저 '우르젤 아주머니'라고 불리는 여자가 붙여졌다. 그녀는 아이를 눈에서 떼는 법이 없었고 어디를 가나 긴 뜨개질감을 끼고 그녀 옆에서 걸었다.

그리하여 시월 어느 날 오후 내가 정원 울타리 그늘 속에서 두 사람과 함께 왔다 갔다 하고 있을 때, 우리를 향해 산책길을 따라 깃 달린 모자를 쓰고 레이스 장식을 달고 꼭 끼는 가죽 상의를 유행에 맞추어 입은 훌쭉하게 키가 큰 젊은이가 걸어오는 것이 보였다. 아니나 다를까, 그건 나의 오래된 적수 융커 쿠르트였다. 나는 그가 아직도 아리따운 이웃처녀의 환심을 사려고 공을 들이고 있음을 곧바로 눈치 챘다. 또한 그런 행동이 나이든 숙녀에게 호감을 불러일으키는 듯하였다. 모든 질문과 대답에 빼놓지 않고 그저 "남작님" 하는 반면에, 그녀는 거짓되게 고운 목소리로 지극히 정중하게 웃으며 그녀의 콧대를 과장되게 공중으로 치켜 올렸다. 하지만 내가 이따금씩 한마디 던지면, 그녀는 나를 공식어(公式語) 투로 얕잡아 지칭하여 '자네'[22] 또는 그저 '요한네스'라고 불렀다. 그러면 융커는 그의 둥근 눈을 가늘게 뜨고는, 내가 그보다 머리 반은 키가 더 큰데도, 대놓고 나를 내려다보는 듯하였다.

나는 카타리나를 바라보았다. 그녀는 내게 신경 쓰지 않았

---

22 원문 'Er'는 그 당시 고용인 · 일꾼 등에 대한 호칭으로 쓰임.

고 다만 그 융커 옆에서 얌전히 걸어가며 그와 대화를 나누며 묻는 말에는 공손히 대답을 하고 있었다. 하지만 그 작은 붉은 입은 때때로 비웃는 듯이 긍지에 찬 미소로 일그러지기도 했다. 그래서 나는 생각했다. "요한네스여, 위로로 삼아라, 저 귀족 집 자식은 이제 천칭에서 너의 무게를 올려주고 있는 거야!" 반항적으로 나는 뒤에 쳐져있었고 다른 세 사람이 내 앞에서 걷도록 내버려 두었다. 그러나 이들이 집 안으로 들어갔고 나는 그 문 앞에서 게르하르두스 어르신네의 화단 옆에 그냥 서서는 어떻게 하면 내가 그전에 그랬던 것처럼 폰 데어 리슈하고 한바탕 머리를 마주잡고 싸우기를 시작할 수 있을까 궁리하고 있었을 때, 카타리나가 갑자기 뛰어나와서 내 옆에 서서는 화단에서 한 과꽃을 꺾어 내게 주며 속삭였다. "요한네스, 내 말 알아듣겠어? 그 도깨비가 이제 젊은 독수리처럼 보인다나봐. 우어젤 아주머니가 그렇게 말했어!" 그리고는 내가 눈 깜짝할 사이에 그녀는 다시 가버렸다. 하지만 나에게는 모든 반항심과 분노를 단번에 날려버린 것 같은 느낌이었다. 이제 나는 폰 데어 리슈에게 신경을 쓸 이유가 없었다! 나는 금빛 날을 향해 맑고 즐거운 웃음을 던졌다. 그도 그럴 것이 원기 발랄한 말들 속에는 다시금 감미로운 묘한 눈빛이 깃들여 있었기 때문이었다. 그러나 그것은 이번에 나의 마음속을 곧바로 비추어주었다.

그러고 나서 곧 게르하르두스 어르신은 나를 그의 방으로 오도록 했다. 그는 지도를 다시 펴놓고 내가 암스테르담으로 가는 긴 여행을 어떻게 해야 하는지를 보여주었고, 그곳에 사는 자신의 친구들에게 보내는 편지들을 내게 건네주었고, 작고한 아버지의 친구로서 나와 여러 가지 것에 대해 길게 대화를 나누었다. 왜냐하면 바로 그날 저녁에 나는 도시로 가야 했는데, 그곳에서 한 시민이 나를 마차에 태워서 함께 함부르크로 갈 셈이었다.

이제 그날 일과가 마무리됨에 따라 나는 작별을 고했다. 아래층 방에서 카타리나는 자수틀 앞에 앉아 있었다. 그 모습은 내가 요 근래 어느 동판화 그림책에서 본 바의 희랍의 헬렌을 연상시켰다. 소녀가 바로 자신의 작품에 엎드리자 드러난 싱싱한 목덜미는 내게 아름답기 그지없었다. 그러나 그녀는 혼자가 아니었다. 그녀 맞은편에 우르젤 아주머니가 앉아서 어느 프랑스 얘기책에서 무엇을 큰 소리로 읽어주고 있었다. 내가 다가가자, 그녀는 나를 향해 콧대를 쳐들었다. "자, 요한네스." 그녀가 말했다. "자네가 내게 작별인사를 하자는 거지? 그러니까 자네는 마찬가지로 이 숙녀에게도 자네의 경의를 표할 수 있겠구먼!" 그때 벌써 카타리나는 그녀의 작품으로부터 일어났었다. 하지만 그녀가 내게 손을 내밀고 있는 동안, 융커 불프와 융커 쿠르트가 법석을 떨며 방으로 들어섰다. 그래서 그녀는 단순히 말하고 그쳤다. "잘 가, 요한네스!" 그렇게 나는 거기를 떠났다.

수위실에서 나는 늙은 디터리히와 악수를 나눴는데, 그는 벌써 나를 위해 지팡이와 배낭을 준비해 놓고 있었다. 그런 다음 나는 숲길을 향해 참나무들 사이로 걸어 나갔다. 하지만 내가 해야 할 작별 인사가 아직도 남아 있는 것처럼, 내가 그냥 떠날 수 없는 것처럼, 그런 느낌이 내게 감돌아서, 나는 자주 멈추기도 하고 내 뒤를 돌아보기도 하였다. 어떤 본능에 이끌리듯 나는 전나무 숲을 지나는 지름길이 아니라, 마차용 대로를 따라 훨씬 먼 길을 걷고 있었다. 그러나 벌써 숲 위로 저녁 노을이 떠올라서, 들이 닥칠 밤을 피하려면 발걸음을 재촉해야 했다. "잘 있어, 카타리나, 잘 있어!" 이렇게 말하며 나는 힘차게 지팡이를 짚었다.

거기, 오솔길이 대로와 만나는 지점에―쏟아져 내리는 기쁨에 내 심장은 멎었다―갑자기 어둑한 전나무 숲에서 나타난 그녀 자신이 거기 서 있던 것이다. 그녀는 나를 향해 뛰어왔는데, 대로 옆의 마른 도랑을 뛰어넘느라 볼이 후끈 달아오르고 비단결 같은 그녀의 갈색 머리채는 금빛 헤어네트에서 온통 흘러내렸다. 그렇게 나는 그녀를 나의 두 팔로 껴안았다. 아직 숨을 헐떡이며, 눈에서는 빛을 발하며, 그녀는 나를 바라보았다. "내가―내가 그들로부터 도망 온 거야!" 드디어 그녀는 더듬거리며 말했다. 그러더니 작은 꾸러미 하나를 내 손에 쥐어 주며 나지막하게 보태어 말했다. "내가 주는 건데, 요한네스, 그것을 경멸해서는 안 돼!" 하지만 그녀의 귀여운 얼굴이 갑자기 음울해졌다. 작고 부풀어 오른 입은 무슨 말을 하고자 했지만, 쏟아지는 눈물이 그녀의 앞을 가렸다. 그리고 슬픔에 겨워 작은 머리를 흔들며 성급히 몸을 빼냈다. 나는 그녀의 옷이 어둑한 전나무 사이 오솔길에서 사라지는 것을 보았다. 그런 다음 멀리서 아직도 나뭇가지들이 바스락거리는 소리가 들렸다. 그런 다음 나는 혼자 서 있었다. 아주 조용했다. 잎들이 떨어지는 소리가 들렸다. 내가 그 작은 꾸러미를 펼쳤을 때, 그 안에는 그녀가 나에게 자주 보여주곤 했던 그녀의 세례축하 금화가 있었고, 한 쪽지가 그 옆에 있었다. 그것을 나는 석양빛에 비추어 읽었다. "네가 곤경에 처하지 않도록"이라고 그 위에 적혀 있었다. 그 순간 나는 내 두 팔을 공중에 쭉 뻗었다. "잘 있어, 카타리나, 잘 있어, 잘 있어!" 아마도 백번은 내가 그렇게 조용한 숲속에서 외쳐댔다. 그렇게 하여 땅거미가 지기 시작할 때에야 비로소 나는 그 도심지에 도달했다.

그 이래로 거의 오 년이 훌쩍 지나갔다. 내가 오늘 그 모든 것을 어떻게 다시 발견하랴?

나는 벌써 수위실 앞에 와 서 있었다. 안마당 건너편에 있는 오래된 보리수나무들이 보였는데, 장원의 두 뾰족한 박공들이 이제는 밝은 초록색 나뭇잎들에 의해 가려져 있었다. 내가 성문을 통해 지나가려고 할 때, 안마당에서 쇠쇠목거리를 한 두 마리 연회색 불독이 나를 향해 광폭하게 달려왔다. 그들은 간담을 서늘케 할 정도로 짖어댔고, 한 놈은 나에게 덤벼들며 내 얼굴 가까이서 그의 흰 이빨들을 드러냈다. 그와 같은 환영인사를 전에는 여기서 결코 받아본 적이 없었다. 그때 천만다행이도 정문 위의 방 쪽에서 거칠기는 하지만 내게는 익숙한 목소리가 소리쳤다. "여보세요!" 하는 외침이었다. "타르타르, 튀르크, 비켜!" 개들은 나에게서 물러났다. 층계를 내려오는 소리가 들렸다. 그리고 성문 밑쪽에 있는 문에서 친한 디터리히가 나왔다.

내가 그를 바라보았을 때, 내가 외국에 오래 나가 있었구나 하고 깨달았다. 그도 그럴 것이 그의 머리는 새하얗고, 한때 쾌활했던 그의 눈은 이제 흐리멍덩하게 나를 바라보고 있었다. 그는 드디어 "요한네스님!"이라고 말하면서 두 손을 내게 내밀었다.

"안녕하신가, 디터리히!" 나는 응답했다. "그런데 언제부터 자네들은 손님에게 늑대같이 달려드는 그런 블러드하운드[23]들을 장원에서 키우고 있나?"

"그렇다네, 요한네스님," 하고 노인이 말했다. "저것들은 융커가 데려다놓은 것이네."

"그는 집에 있기는 합니까?"

---

23 후각이 예민한 영국산 사냥개.

노인은 머리를 끄덕였다.

"글쎄요," 내가 말했다. "저 개들이 정말 필요한지도 모르죠. 전쟁으로 아직 많은 피난민들이 배회하고 있으니까요."

"아이고, 요한네스님!" 노인은 말하며, 내가 저택 안마당으로 들어가지 못하게 하려는 듯 그냥 거기 버티고 서 있었다. "자네는 좋지 않은 때에 왔네 그려!"

나는 그를 바라보며 그저 한마디 했다. "물론이지, 디터리히. 이제 많은 창구멍에서 밖을 내다보고 있는 것은 농부가 아니고 늑대란 말일세. 내 그런 걸 보았다니까. 그런데 이제 평화가 왔네, 그리고 장원의 착하신 어르신이 도움을 줄 것이네."

그렇게 말하면서, 나는, 개들이 다시 나에게 으르렁대지만, 안마당을 향해 가고자 했다. 그러나 백발노인은 내 길을 막아섰다. "요한네스님," 그가 외쳤다. "자네가 발걸음을 더 하기 전에, 내 말을 들어 보게! 자네가 함부르크에서 왕실 체신으로 부친 편지는 안전하게 도착했으나, 올바른 수취인을 만날 수 없었네."

"디터리히!" 하고 나는 소리쳤다. "디터리히!"

"—그래, 그렇다네, 요한네스님! 여기 좋은 시절은 지나갔네, 왜냐 하면 게르하르두스 어르신은 이제 거기 예배당 안 관대(棺臺) 위에 누워 계시고, 관 옆에는 높은 촛대들이 불을 밝히고 있기 때문이네. 이제 장원에서의 상황은 모든 것이 달라질 것이네. 하지만—나는 종속된 몸이라, 입 다물고 있는 것이 내 자리라네."

나는 묻기를 원했다. "숙녀 카타리나는 아직 집에 머물러 있나요?" 그러나 그 말이 내 혀를 넘어 입 밖으로 나오려 하지 않았다.

저쪽 편, 장원의 뒤쪽 옆 건물에 내가 아는 한, 오래전부터 사용되고 있지 않던 한 작은 예배당이 있었고, 나는 그러니까 거기에 가서 게르하르두스 어르신네를 찾아보아야 하는 것이 었다.

나는 늙은 관리인에게 물었다. "예배당은 열려 있나요?" 그리고 그가 그렇다고 확인하여 주었을 때, 나는 그에게 개들을 좀 붙잡아 달라고 청했다. 그런 다음 나는 누구와도 부딪치지 않고 안마당을 지나갔다. 오직 어느 피리새의 노래 소리만이 저 위 보리수나무 우듬지로부터 들려왔다.

예배당으로 들어가는 문은 조금 열려 있었고, 나는 가만히 숨을 죽이며 그 안으로 들어갔다. 거기에 관이 열려 있고, 양초들의 붉은 화염은 깜박거리는 불빛을 나의 사랑하는 어르신네의 고귀한 용모에 비추고 있었다. 그 위에 감돌고 있던 죽음의 낯설음은 나에게 그는 이제 어느 다른 나라의 일원이라고 넌지시 알려주었다. 하지만 내가 그 시체 옆에서 기도를 드리려고 무릎을 꿇으려고 할 때, 내 맞은편 관 언저리 위로 한 젊고 창백한 얼굴이 거의 놀란 표정으로 솟아올라 검은 면사포를 통해 나를 바라보는 것이었다.

하지만 순식간에 나를 쳐다보는 갈색 눈이 진심 어린 눈으로 바뀌고, 그녀의 말은 거의 기쁨의 부르짖음 같았다. "오, 요한네스, 정말 당신인가? 아, 당신은 너무 늦게 왔어!" 그리고 관 위에서 우리의 손들은 서로 맞잡고 인사를 나누었다. 역시 카타리나였다. 그리고 그녀는 그처럼 아름다워졌기에 심지어 여기 죽음의 면전에서 생명의 한 뜨거운 맥박이 나를 관통하였다. 좀 더 정확히 말하자면, 그녀 눈에 있는 미묘한 빛은 겁에 질려 깊은 어둠에 잠겨버린 듯 했다. 하지만 그녀 뒷머리의 헤어네트로부터는 그녀의 고운 갈색 곱슬머리가 비집고 나와 있고, 그녀의 풍만하게 부풀어 오른 입은 창백한 얼굴을 배경으로 더욱더 붉게 보였다.

거의 심란한 상태에서 죽은 이를 내려다보며 내가 말했다. "나는 정말이지 많은 시간을 그와 마주 앉아 온화하고 매우 교훈적인 그의 말씀을 들었으며, 생생한 그의 모습을 그려냄으로써 예술을 통해 그에게 감사하려는 희망을 품고 왔던 거야. 그러니까 이제 조금 있으면 스러지게 될 그의 특징들을 포착해 보겠어."

그리고 그녀가 그녀의 뺨을 흘러내리는 눈물에 뒤덮인 상태에서 묵묵히 내게 고개를 끄덕이자, 나는 교회 의자에 앉아 내가 가지고 다니던 스케치북에서 종이 한 장을 꺼내 거기다 죽은 이의 얼굴 표정을 스케치하기 시작했다. 그러나 나의 손은 떨렸다. 그것이 단지 죽음의 장엄함 앞에 있었기에 그러한 것이었는지 나는 알지 못한다.

작업하는 동안 나는 바깥 안마당에서 들려오는 한 목소리를 들었는데, 그것이 융커 불프의 목소리라는 것을 알아차렸다. 그리고 곧 어느 개가 발길에 걷어차이거나 채찍을 얻어맞는다는 듯이 낑낑거리며 짖어댔다. 그러더니 웃고 욕을 퍼붓는 소리가 들렸는데, 그것이 누구의 목소리인지도 내가 족히 알만 하였다.

내가 카타리나를 바라볼 때, 나는 그녀가 상당히 놀란 눈으로 창문 쪽을 바라보고 있는 것을 보았다. 그러나 목소리들과 발자국 소리들은 지나갔다. 그때 그녀는 몸을 일으켜 내 옆으로 와서는 어떻게 나의 연필 끝에서 부친의 얼굴 표정이 만들어지는지를 유심히 지켜보았다. 오래지 않아 바깥에서 단하나의 발걸음 소리가 다시 들려왔다. 그 순간에 카타리나는 나의 어깨 위에 손을 올려놓았는데, 나는 그녀의 젊은 육체가 어찌나 떨고 있는지를 느꼈다.

그 다음 순간 예배당 문이 확 열렸다. 융커 불프의 평상시 창백한 얼굴이 이제는 붉고 부어오른 것 같았지만, 나는 그를 알아보았다.

"무엇 때문에 늘 관 옆에서 웅크리고 있는 거야!" 그는 여동생에게 소리를 질렀다. "폰 데어 리쉬 융커가 애도를 표하기 위해 여기 왔었어. 네가 그에게 음료수 한 잔 대접했더라면 좋았을 텐데!"

그 순간 그는 내가 와 있는 것을 눈치 채고 나를 그의 작은 눈으로 뚫어지게 바라보았다. "불프," 카타리나는 나와 함께 그에게 걸어가면서 말했다. "이 사람이 요한네스야, 불프,"

융커는 내게 손을 내밀 필요를 느끼지 않았다. 그는 그저 나의 보라색 재킷을 훑어보더니 뇌까렸다. "너는 보아하니 멋진 옷을 걸치고 다니는군. 사람들은 이제 너를 '선생님 (Sieur)'[24]이라고 불러야 하겠어!"

"자네가 편하게 느끼는 대로 나를 불러주게!" 나는 이렇게 말했고, 우리는 앞마당으로 걸어 나왔다. "내가 지금까지 있다 온 그곳에서는 내 이름 앞에 '씨'라는 존칭이 빠지는 법이 없었지만 말이네. ─하기야 자네도 알다시피, 관습상으로도 자네 부친의 아들은 나에 대해 당당한 권리를 지니고 있으니 말일세."

그는 적이 놀라 나를 바라보았다. 그런 다음 그는 단순히 말했다. "자, 그러니까 이제 네가 내 아버지의 돈으로 배운 바를 보여줄 수 있겠지. 거기에 덧붙여 말하건대, 너의 작업에 대한 사례비는 공제(控除)를 받지 않을 거다."

보수에 관한한, 나는 그것을 벌써 오래전에 받았다고 말할 작정이었다. 하지만 융커는 그것에 반해 자신은 귀인(貴人)에 합당하게 처신하겠노라고 대꾸해서, 나는 나에게 제안하려는

---

24 원문 'Sieur'는 프랑스어의 'Monsieur 귀하, 씨'를 말하고 다음에 언급되는 'Herr 씨'는 독일어임.

작업이 무엇인지를 물었다.

"너는 잘 알고 있지," 그가 말하고는 여동생을 날카롭게 바라보며 말을 잠시 멈추었다. "한 귀족 집 딸이 본가를 떠날 때면, 그녀의 초상화가 집안에 남아 있어야 해."

나는 내 옆에서 걷고 있는 카타리나가 이 말을 듣고 쓰러질 듯 비틀거리며 내 외투자락을 붙드는 것을 느꼈다. 그러나 나는 침착하게 대꾸하였다. "그 관습은 잘 알고 있네. 그러나 융커 불프, 자네는 무엇을 어떻게 하겠다는 뜻인가?"

"내 말은," 그는 어떤 이의를 예상하고 있다는 듯이 확고하게 말했다. "네가 이 집 딸의 초상화를 그려야 한다는 거야!"

어떤 공포 같은 것이 내 마음을 스치고 지나갔다. 나는 그것이 이 말들의 해석 때문이었는지 또는 그보다 그 어조 때문이었는지는 알 길이 없었다. 그런 일을 착수하기에 지금은 합당한 시기가 아니라는 생각 또한 들었다.

카타리나가 잠자코 있고 또 그녀의 애원하는 눈초리가 내게 와 닿자, 나는 이렇게 대답했다. "자네의 고귀한 여동생이 내게 허락해 준다면, 자네 부친의 비호와 내 선생님의 가르침에 욕되지 않기를 바라네. 단지 관문 통로 위 노인 디터리히 옆에서 내가 쓰던 작은 방을 다시 비워 주게, 그러면 자네가 원하는 바가 이루어질 것이네."

융커는 그것에 만족하고 또한 나에게 간식을 제공케 하라고 누이동생에게 말했다.

나는 내 작업을 어떻게 시작해야 할지에 관해 질문을 하나 더 던지고자 했으나 다시 입을 다물었다. 왜냐하면 내가 막 수임한 제작 의뢰로 인해 나의 마음에 황홀감이 솟구쳤는데, 내가 입 밖으로 내는 말 한마디에도 그것이 노출될까봐 두려워했기 때문이었다. 그래서 거기 우물가 옆 뜨거운 돌 위에서 볕을 쪼이고 있는 사나운 두 들개들을 감지하지 못하였다. 하지만 우리가 더 가까이 가자, 그놈들은 벌떡 일어나 이빨을 드러내며 나에게 덤벼들었고, 이로 인해 카타리나는 고함을 질렀다. 그때 융커가 휘파람을 세게 부니, 그놈들은 깽깽대며 그의 발밑에서 설설 기었다. "지옥 불에 맹세컨대" 그는 웃으면서 말했다. "지독한 두 놈들이지, 그들에겐 멧돼지 꼬리이든 플랑드르 천 자락이든 다 마찬가지야!"

"자, 융커 볼프" 나는 말하지 않을 수 없었다. "내가 자네 부친의 집에서 다시 한 번 손님이어야 한다면, 자네는 자네 짐승들에 더 나은 예절을 가르쳐 주었으면 좋겠소!"

그는 그의 작은 눈을 나를 향해 번득이고 그의 뾰족한 턱수염을 한두 번 만지작거렸다. "그것은 단지 그들 나름대로의 환영 인사요, 요한네스 씨!" 그가 말하면서, 허리를 굽혀 그 짐승들을 쓰다듬어 주었다. "그러니까 모든 이가, 그가 누구이건 간에, 이제 여기서 새로운 한 체제의 지배가 시작되었음을 알아야 한단 말이오. 그러니까 내게 거치적거리는 자는 누구든지 저 악마의 아가리로 몰아넣을 거요!"

이 마지막 말들을 과격하게 내뱉으며 그는 큰 키를 곧바로 세우고는 개들에게 휘파람을 불며 안마당을 건너 수위실 쪽으로 성큼 성큼 걸어갔다.

잠깐 동안 나는 그의 뒷모습을 주시하였다. 그다음 나는 카타리나를 따라갔다, 그녀는 보리수나무 그늘에서 말없이 고개를 숙인 채 저택으로 들어가는 계단을 오르고 있었다. 마찬가지로 말없이 우리는 함께 넓은 층계를 올라, 이층으로 갔고, 거기서 우리는 고인이 된 게르하르두스 어르신네의 방으로 들어갔다. 여기서는 아직도 모든 것이 내가 전에 보았던 그대로였다. 금빛 꽃무늬 태피스트리들과 지도들이 벽에 걸려 있고, 깨끗한 양피지 책들이 서가에 꽂혀 있고, 루이스다엘 삼촌[25]이 그린 저 아름다운 숲 풍경의 유화가 책상 위에 걸려 있었다. 그 다음엔 책상 앞에 빈 안락의자가 놓여 있었다. 나의 시선은 이 장면에 머뭇거렸다. 저 아래 예배당에서 별세한 이의 시체처럼 나에게 이제 이 방도 영혼을 잃은 것 같았다. 바깥 숲으로부터 이른 봄빛이 창문을 통해 흘러들어오지만, 그럼에도 마찬가지로 죽음의 정적으로 채워진 것 같았다.

나는 이 순간에 카타리나에 관해 거의 잊고 있었다. 내가 몸을 돌릴 때, 그녀는 까딱 않고 서 있으면서, 누르고 있는 손들에도 불구하고 그녀의 가슴이 얼마나 걷잡을 수 없이 펄떡

---

25 원문 der ältere Ruisdael(1600~70)은 홀란드의 풍경화가. 조카인 Jakob van R.(1628~82)이 더 유명함.

이고 있는지를 나는 보았다. "이젠 알겠지?" 그녀는 나직이 말했다. "여기엔 이제 아무도 없어, 내 오빠와 그의 사나운 개들 외엔 아무도 없어."

"카타리나!" 나는 외쳤다. "그대에게 무슨 일이? 여기 그대 부친의 집에 무슨 일이?

"무슨 일이냐고, 요한네스?" 그러면서 그녀는 나의 두 손을 미친 듯이 움켜쥐었다. 그리고 그녀의 젊은 눈은 분노와 고통으로 불꽃을 튀겼다. "아냐, 아냐. 먼저 아버지가 그의 현실 (玄室)에서 평안히 쉬도록 해야 해! 하지만 그 다음에는—너는 내 초상화를 정말 그려야 해, 너는 한동안 여기서 머물게 될 거야—그 다음에는, 요한네스, 나를 도와줘. 죽은 이를 위해서, 나를 도와줘!"

그런 말들을 듣고, 나는 동정과 사랑으로 완전히 압도되어 아름답고 감미로운 여인 앞에서 무릎을 꿇고 그녀에게 나 자신과 나의 모든 힘을 바치겠노라고 맹세했다. 그때 그녀의 눈에서 부드러운 눈물의 샘이 하나 흘렀다. 그리고 우리는 서로 옆에 앉아 영면한 이의 추억을 더듬으며 오랫동안 얘기했다.

우리가 다시 아래층으로 내려갈 때, 나는 나이 든 숙녀[26]에 대해 물었다.

"오," 카타리나가 말했다. "우어젤 아주머니 말이군요! 그

---

26 원문 'das alte Fräulein'은 귀족 집안의 결혼 안한 노처녀를 그렇게 일컬음.

대는[27] 그녀에게 인사하기를 원해요? 그래요, 그녀는 아직도 여기 있어요. 그녀의 방은 여기 아래층에 있어요. 층계를 오르내리기가 그녀에게는 오래전부터 힘들어졌으니까요."

우리는 그렇게 해서 정원과 마주하고 있는 작은 방으로 들어갔다. 정원에는 튤립 꽃들이 초록색 생울타리 앞에 있는 꽃밭의 흙을 이제 막 뚫고 나오고 있었다. 우어젤 아주머니는, 검은 상복 차림에 크레이프 두건을 쓰고 아주 쇠잔한 모습으로, 솔리테르[28] 경기를 앞에 펼쳐 놓고, 높은 안락의자에 앉아 있었다. 놀이 세트는, 후에 그녀가 내게 말해준 바에 의하면, 남작님—부친의 서거 후 그는 작위를 얻었다—이 그녀에게 무료 선물로 뤼벡[29]에서 가져온 것이라 했다.

카타리나가 내 이름을 알리고 나니까, 그녀는 조심스럽게 상아로 만든 장기 말들을 이리저리 옮기면서 말했다. "그렇구나, 요한네스, 자네가 여기에 돌아왔단 말이지? 정말, 잘 안 풀리네! 아이고, 아주 복잡한 게임이야![30]"

그러더니 그녀는 장기 말들을 서로 뒤섞어 치우더니 나를

---

27 원문 'Ihr'는 본래 '너희'의 뜻이나 그 당시에는 단수 2인칭 'Du'보다 한 단계 높은 존칭으로 쓰였음. 여기서 해외 수련생활을 끝낸 화가 요한네스에 대한 예우를 느낄 수 있음.

28 원문 'Nonnenspielchen 수녀 놀이패'는 혼자서 하는 일종의 카드 또는 장기 놀이.

29 원문 'Lübeck'은 독일 함부르크 남쪽에 있는, 옛 한자동맹에 속했던, 자유시.

30 원문 "C'est un jeu très compliqué!" 화자가 귀족신분으로 프랑스어에 능통한 것을 보여줌과 동시에 카타리나를 둘러싼 쉽지 않아 보이는 상황을 암시함.

처다보았다. "어이구," 그녀가 말문을 뗐다. "자네는 아주 말 끔히 차려 입었네. 허지만 자네는 도대체 자네가 상가(喪家)에 왔다는 것은 알고는 있나?"

"그건 지금 잘 알고 있어요, 숙녀님," 내가 대꾸하였다. "그러나 제가 대문에 들어섰을 때, 저는 그것을 모르고 있었어요."

"이제는," 그녀는 화해조로 고개를 끄덕이며 말하였다. "자네도 정말이지 저 하인배에 속하지 않네."

카타리나의 창백한 얼굴 위로 어떤 미소가 스쳐지나갔고, 나는 그로인해 어떤 대답도 하지 않아도 될 것같이 느꼈다. 오히려 나는 나이 든 숙녀에게 그녀의 거실의 우아함을 칭찬했다. 왜냐하면 바깥 담 옆에 우뚝 솟은 작은 망루를 타고 올라간 담장이조차 그녀 창문 쪽으로 뻗어내려 창유리들 앞에서 초록색 덩굴손들을 나부끼고 있었다.

그건 그렇다고 우어젤 아주머니는 시인했지만, 문제는 이제 막 그 야간의 소란을 시작하고 있는 나이팅게일들이 없으면 좋겠다는 것이고 여하간 그녀는 잠을 이룰 수가 없다는 것이었다. 또 그녀의 방이 너무 떨어져 있어 거기서는 하인들을 눈뜨고 찾아볼 수가 없다는 것이었다. 그런가 하면 바깥 정원에는 정원사 아들이 가끔 와서 생울타리들이나 너도밤나무 가장자리들을 다듬는 것 외에는 아무 일도 일어나지 않는다는 것이었다.

그렇게 해서 우리의 방문은 끝을 맺었다. 카타리나가 나에게 이제는 여행에 지친 몸을 쉴 때가 되었다고 상기시켜 주었기 때문이다.

이제 나는 관문 위 나의 작은 방에서 묵게 되었는데, 그것은 늙은 디터리히에게는 각별한 기쁨이었다. 그도 그럴 것이 우리는 일과 후 시간에 큰 운반용 궤짝에 함께 앉아, 나는 그가 내 어린 시절에 그가 했던 것처럼 내게 온갖 이야기를 들려주도록 했다. 그는 그때 파이프 담배를 꼬나들고 찬찬히 피웠는데, 그런 관습은 군인들이 여기에 와서 퍼뜨린 것이었다. 그러면서 그는 외국 군대들로 인해 장원과 아래 마을에서 겪어야 했던 온갖 고난의 얘기들을 풀어놓았다. 그런데 내가 한 번 그의 말을 착한 숙녀 쪽으로 유도하자, 그는 하던 말을 이내 마무리 짓지 못했는데도 갑자기 말을 끊더니 나를 쳐다보는 것이었다.

"아시는가, 요한네스님." 그가 말했다. "자네도 저편에 사는 폰 데어 리쉬처럼 한 가문(家門) 문장(紋章)[31]을 갖고 있지 않다는 것은 지극히 통탄할 일이네!"

그리고 그 말로 인해 내가 심히 얼굴을 붉히자 그는 단단한 손으로 내 어깨를 두드리며 말하는 것이었다. "자, 자, 요한네스 씨. 그건 내 입에서 나온 어리석은 말이었소. 우리는 물

---

31 원문 'Wappen'은 귀족 가문을 표시하는 도형.

론 하느님이 우리를 배정한 곳에 머물러 있어야 하오."

나는 내가 그 당시 그런 판단에 동의했었는지 모르겠다, 하지만 나는 폰 데어 리쉬가 지금은 어떤 종류의 남자가 되었는지를 그냥 물었다.

노인은 나를 예리하게 바라보며, 마치 값비싼 연초가 들판 가장자리에서 마구 자라나기라도 하듯, 그의 짧은 파이프 위에서 뻐끔 뻐끔 피워댔다. "요한네스 님, 자네는 정말 알기를 원하는가?" 그가 말을 꺼냈다. "저 키일 시(市) 대목장 때 시민 주택들에 돋보이는 단추 같은 장식물에 총을 쏘아대는 그런 융커 무리에 그가 속한단 말이네. 그가 썩 좋은 피스톨들을 지니고 있다고 믿어도 좋을 걸세! 그는 바이올린을 그리 잘 키지는 못하지. 그런데도 그는 흥겨운 가락이면 사족을 못 쓰는 터라, 요 얼마 전에는 '홀스텐 관문' 위쪽에 사는 어느 시의회 소속 악사를 자정에 그의 펜싱용 칼로 문을 두드려 깨워서는, 그에게 조끼와 바지를 제대로 입을 시간도 주지 않았다네. 그런데 하늘에는 해 대신 달이 떠 있었고, '삼왕 내조(來朝) 축일 때'[32]였기에 사방은 꽁꽁 얼어붙어 있었지. 그래서 악사는, 융커가 칼을 들고 그의 뒤에 서 있는 판이라, 그냥 속옷 차림으로 그의 앞에서 바이올린을 키며 이 거리 저 거리를 누비고 다녀야 했다는 거네! ― 요한네스 님, 자네는 아직도 더 알고 싶

<hr>

32 원문 'octavis trium regum'은 '세 왕들의 8일 축제'를 뜻하는데, 특히 마지막 날인 1월 6일을 지칭함.

으신가? ― 그의 사유(私有) 단지에 사는 농부들은, 하느님이 그들에게 딸들을 축복으로 내려주시지 않는다면, 그렇게 기뻐한다고 하네. 그건 그렇다고 치고, ― 그의 부친의 사망 후에 그는 돈을 움켜쥐고 있는데, 우리 집 융커는, 자네도 잘 알다시피, 벌써 진작부터 그의 유산을 다 까먹은 거야."

나는 이제 아주 충분히 알게 되었다. 늙은 디터히도 벌써 그의 긴 설명을 그의 일상적 표어로 끝을 맺었었다. "나는 순전히 종속된 몸이오."

내가 '황금 사자' 여인숙에 모든 것을 맡겨 두었는데, 이제 도시 중심부로부터 나의 의상(衣裳)이 그림 도구와 함께 도착하여 이제는 예의를 갖추어 검은 복장을 하고 돌아다녔다. 하지만 나는 제일 먼저 낮 시간들을 나에게 도움이 되도록 적절히 사용하였다. 좀 자세히 말하자면, 저택 이층 작고하신 어르신네 방 옆에 널찍하고 천정이 높은 전시실이 있었는데, 사방 벽들에는 실물 크기의 초상화들이 거의 빈틈없이 걸려 있었고, 오직 벽난로 옆에만 두 개 정도 더 들어갈 만한 공간이 비어 있었다. 이들은 게르하르두스 어르신의 조상님들이었고, 대부분의 남자들과 여자들은 진지하고 확고한 표정과 신뢰를 부추기는 용모였다. 혈기왕성한 나이 적 그 자신과 함께 이른 나이에 죽은 카타리나의 어머니가 소장품을 완성시켜 주었다. 마지막 두 초상화가 우리나라 사람인 아이더슈테트 화가 게오르크 오벤스[33]에 의해 그의 활력 넘치는 화풍으로 가장 장엄하게 그려져 있었다. 그리고 나는 이제 나의 화필로 고귀한 보호자의 모습을 재생하려고 노력했다. 물론 축척(縮尺)으로, 그리고 단지 나 자신의 기쁨을 위한 것이었다. 그렇지만 그것은 후에 더 큰 초상화를 제작하기 위한 토대가 되었고, 아직도 여기 내 쓸쓸한 방에서 나의 노령기의 가장 귀한 동반자이다. 하지만 그의 딸의 초상화는 내 마음 깊은 곳에 살아있다.[34]

내가 팔레트를 내려놓을 때마다 나는 자주 아름다운 그림들 앞에서 한참동안 서 있곤 했다. 나는 카타리나의 용모를 양친의 모습에서 재발견했다. 부친의 이마에서, 모친의 입가에 감도는 매력에서. 그런데 융커 불프의 굳은 입언저리와 작은 눈은 어디에 있었나? 그것들은 훨씬 더 깊은 과거에서 연유했음이 분명했다. 나는 줄지어 선 초상화를 따라 백년도 넘은 과거 속으로 천천히 걸어갔다. 보라, 거기에 이미 좀이 상당히 파먹은 검은 나무 액자에 걸려있는 한 초상화가 눈에 들어왔다. 이미 소년 시절에 나는 그 앞에서 바닥에 고정된 듯이 붙잡힌 적이 있었다. 그것은 마흔 살가량의 귀족 부인을 보여주었다. 작은 잿빛 시선은 흰 머리 가리개와 검은 크레이프 모자

---

33 슈토름의 고향 후줌(Husum) 시 서쪽에 위치한 반도. 원문 'Georg Ovens'(1623~79)는 렘브란트(Rembrandt)의 제자.

34 회상기의 과거 시점에서 서술자의 현재 시점으로의 의미심장한 반전.

사이로 반쯤만 보이는 얼굴에서 차갑고 꿰뚫는 듯하였다. 이미 아주 오래전에 저세상으로 간 영혼 앞에서 어떤 가벼운 전율이 내 몸을 지나갔다. 나는 혼자 말했다. "여기 바로 이 여자가 있다! 자연은 얼마나 수수께끼 같은 길을 가나! 때때로, 한 세기보다 오래 여러 세대의 핏속을, 덮개를 쓴 듯, 은밀하게 계속 흘러간다. 그처럼 오래 잊혀 있다가 어느 때 갑자기 다시 솟아올라 살아있는 사람들에게 불행의 씨가 된다. 고귀한 게르하르두스의 아들로부터가 아니라, 여기 이 여자로부터 그리고 그녀의 피를 이어받아 후세에 태어난 자손으로부터 나는 카타리나를 보호해야 한다." 그런 다음 나는 다시 가장 최근의 두 초상화 앞으로 다가갔고, 그들 곁에서 나의 원기는 회복되었다.

한때 지상에 있었던 저들의 그림자 가운데 이제 먼지 입자들만이 햇빛을 받아 춤추고 있는 이곳 고요한 화랑에서 나는 한동안 그렇게 머뭇거렸다.

내가 카타리나를 점심 식사 시간에만 보았는데, 그때 융커 볼프와 나이든 숙녀는 양 옆에 있었다. 하지만 우어젤 아주머니가 높은 음성으로 얘기를 하지 않는 한, 식사 시간은 언제나 조용하고 우울한 식사여서, 자주 음식을 삼키기가 어려웠다. 그 원인은 작고한 이에 대한 슬픔이 아니라, 남매 사이에 있었다. 마치 그들 사이에 식탁보가 반으로 잘려진 것 같았다. 카타리나는 음식에 거의 손도 대지 않고 있다가 언제나 곧 일어나 나갔는데, 나에게 거의 눈길도 주지 않았다. 하지만 융커는 기분이 내키면 술 마시는 일에 나를 붙잡아두려 했다. 나는 거기에 맞서야 했고, 게다가 내가 정해 놓은 주량을 넘지 않으려 했기 때문에, 나를 향한 온갖 종류의 조롱에 저항해야 했다.

그러는 사이에, 관의 뚜껑이 덮인 지 며칠이 지나서, 게르하르두스 어르신네의 장례식이 아래쪽 마을 교회에서 열렸다. 거기에 가족 대대로 내려오는 납골소가 있고 거기서 이제 그의 뼈가 조상들의 뼈와 함께 쉬고, 그것들이 있음으로써 지고하신 하느님이 언젠가 그들에게 즐거운 부활을 선사하게 될 것이다!

많은 사람들이 마을과 주변 영지에서 장례식에 왔다. 하지만 친척들은 아주 적었고, 그들마저도 먼 친척들이었다. 그도 그럴 것이 융커 불프는 가문의 마지막 종손(宗孫)이었고 게르하르두스 어르신의 안사람은 이곳 출신이 아니었기 때문이었다. 그런 연유에서 문상객은 얼마 안 있어 모두 떠나버렸다.

융커 자신이 이제 내가 의뢰받은 작업을 시작해야 한다고 재촉하는데, 나는 그러기 위해서 벌써 나대로 북향 창가 쪽으로 위층 초상화 전시실의 한 장소를 선택해 두었다. 그렇지만 우어젤 아주머니는 나를 보러 와서, 자신의 통풍(痛風)으로 인해 층계를 오를 수 없으니, 그녀의 방에서나 또는 그 옆에 붙은 방에서—우리 두 사람이 얘기도 나눌 수 있는 곳이니—작업을 하면 제일 좋겠다는 의견을 피력했다. 그러나 나는 그런

패거리에서 빠져나와 너무 즐겁고, 그곳의 석양빛은 그림에 안 좋은 이유를 들었기에 그녀의 여러 말은 소용이 없었다. 그래서 나는 이튿날 전시실 측면 창문들을 천으로 덮고 또 내가 지난 며칠 동안에 디터리히의 도움을 받아 혼자 힘으로 제작한 높은 이젤을 세워놓는 작업에 몰두했다.

내가 막 캔버스 천 틀을 이젤 위에 올려놓았을 때, 게르하르두스 어르신 방의 문이 열리더니 카타리나가 들어왔다. 무슨 이유 때문이라고 말하기는 쉽지 않겠지만, 내가 느끼기에, 우리는 이번에 서로 마주볼 정도로 거의 깜짝 놀랐다. 그녀가 아직 벗지 않은 검은 상복으로부터, 젊은 얼굴이 아주 감미로운 혼돈 속에서 나를 찬찬히 쳐다보았다.

"카타리나," 내가 말했다. "내가 그대의 초상화를 그려야 한다는 것을 그대는 알고 있지. 그대 또한 그것을 원하지?"

그때 그녀의 갈색 눈동자 위로 엷은 안개가 지나갔고 그녀는 가만히 말했다. "그대는 정말 왜 그렇게 묻지, 요한네스?"

그 말은 행복의 이슬방울처럼 내 마음속에 떨어졌다. "아냐, 아냐, 카타리나! 하지만 뭐가 잘못됐는지 말해줘요, 내가 그대를 어떻게 도울 수 있나요? 우리가 작업도 하지 않으면서 이렇게 들키면 곤란하니까, 우선 앉아서 말해 봐요! 아니면 그냥 가만히, 나는 벌써 다 알고 있어요. 그대는 나에게 아무 말도 할 필요 없어요!"

그러나 그녀는 앉지 않고 나에게 다가왔다. "요한네스, 그대는 그대가 예전에 한 번 도깨비를 활로 쏘아 떨어트렸던 일을 아직도 기억하고 있어요? 그놈이 다시 둥지 근처에 숨어있지만, 이번엔 그럴 필요는 없어요. 왜냐하면 내가 그놈에 의해 잡아 찢겨질 작은 새는 아니니까요. 그러나 요하네스, 내겐 나를 뒤쫓고 있는 피붙이가 있어요. 나를 그로부터 보호해 주어요─나를 그로부터 보호해 주어요!"

"그대의 오빠를 말하고 있군, 카타리나!"

"그밖에 딴사람은 없죠. 그는 나를 내가 미워하는 사람의 아내로 만들려고 해요! 부친이 오랫동안 병상에 누워계시는 동안 나는 그와 치욕스러운 싸움을 했어요. 아버지가 관에 안치된 다음에야 비로소 내가 아버지를 편안히 애도하도록 해 주겠다는 약속을 억지로 받아 냈어요. 그러나 나는 그가 약속을 지키지 않을 것이라는 것도 잘 알고 있어요."

나는 프레에츠에 있는, 게르하르두스 어르신의 유일한 여동생을 생각해내고, 피난과 보호를 위해 그녀에게 가기를 제안했다.

카타리나는 고개를 끄덕였다. "그대는 나의 전령이 되어 주겠어요, 요한네스? 그녀에게 진작 편지했어요, 하지만 답신이 불프의 수중에 떨어졌고, 나는 내용도 듣지 못했고, 단지 오빠의 격노하는 소리만 들었어요. 그 욕지거리는, 죽어 가고 있는 분의 귀가 아직 열려 있었다면, 그걸 채우고도 남았을 거예요. 하지만 자비로우신 하느님은 사랑하는 분의 머리를 지상에서의 마지막 수면으로 덮어버리셨어요."

카타리나는 나의 청을 받아들였기에 이제 나와 마주하고 앉아있어서, 나는 화폭에 윤곽을 그리기 시작했다. 그렇게 해서 우리는 조용하게 대화할 수 있었다. 그리고 그 작업이 진척됨에 따라 내가 함부르크에 가 목판 조각사에게 액자를 주문해야 했기 때문에, 우리가 합의 하기를, 내가 그때 프레에츠를 거쳐 가는 우회로를 택해서 메시지를 전달한다는 것이었다. 그러나 우선 나는 그리는 작업을 부지런히 진척시켜야 한다는 것이었다.

인간의 마음속에는 흔히 어떤 이상야릇한 힘겨루기가 있다. 융커는 내가 그의 누이동생에게 친절하다는 사실을 벌써 알고 있음이 틀림없었다. 그럼에도 불구하고—나를 깔보는 데 그의 긍지가 있었던 것인지, 또는 그가 나를 그의 첫 번째 위협으로 충분히 겁을 주었다고 믿었던 것인지—내가 염려했던 일은 일어나지 않았다. 카타리나와 나는 첫날에도 또 그 다음 날들에도 그에 의해 방해받지 않았다. 한번은 그가 작업 방에 들어와서 상복 차림을 하였다고 카타리나를 꾸짖었지만, 이내 문을 박차고 나갔다. 조금 있다가 안마당에서 그가 어느 기병대 노래를 휘파람으로 부는 소리를 우리는 들었다. 또 어떤 때는 그가 폰 데어 리쉬를 옆에 끼고 있기도 했다. 그러면 카타리나가 맹렬한 반응을 보이면, 나는 그녀에게 자리에 가만히 앉아있으라고 청하고 침착하게 계속 그렸다. 융커 쿠르트는 장례식 날에 나와 의례적인 인사를 나누고 난 후로 안마당에 모습을 드러내지 않았었다. 그런데 지금 그가 가까이 다가와서는 그림을 들여다보기도 하고, 가장 듣기 좋은 말까지 하지만, 결론적으로는 무엇 때문에 숙녀가 비단결 같은 머리를 그녀의 목덜미 위로 곱슬곱슬 흘러내리게 하지 않는지 이해할 수 없다고 말했다. 어느 영국 시인이 "그녀 뒤의 바람들에게 가벼운 키스를 날리는 것"이라고 아주 잘 표현했던 것처럼. 하지만 그때까지 침묵했던 카타리나는 게르하르두스의 초상화를 가리키면서 말했다. "그대는 저분이 나의 아버지였다는 사실을 이제는 더 아시려고 하지 않는군요!"

융커 쿠르트가 이 말에 어떻게 대꾸했는지 이제는 더 생각나지 않는다. 하지만 나란 사람은 그에게 존재하지 않고 오직 화폭에 그림을 그리는 기계였다. 그림에 관해서 그는 내 머리너머로 이것저것을 논하기 시작했다. 하지만 카타리나가 더 이상 대답을 하지 않자, 그는 숙녀에게 좋은 시간을 보내기를 바란다면서 곧 자리를 떴다.

하지만 나는 그가 그렇게 말할 때 나를 향해 그의 시선이 뾰족한 칼끝같이 번득이는 것을 보았다.

우리는 더 이상 방해를 받지 않아도 되었다. 계절이 익어감에 따라 작업도 진척되었다. 벌써 저 바깥 숲속의 목초지들에는 호밀이 잿빛 꽃을 피웠고 저 아래 정원에는 장미꽃들이 꽃망울을 터뜨리기 시작했다. 하지만 우리 두 사람—내 오늘 그렇게 적어도 될 거다—은 기쁘게도 이제 시간이 멎어버렸으면 싶었다. 나의 메시지 전달 여행에 대해서는 그녀나 나나 단 한마디도 감히 입 밖에 내지 못했다. 우리가 무엇을 함께 얘기했는지는 잘 모르겠다. 단지 생각이 나는 것은 나의 객지 생활에 대해 그리고 얼마나 자주 고향 생각을 했는지 그녀에게 얘기한 것이었다. 또한 그녀가 어린 마음에 배려했던 대로, 그녀가 준 금화가 병에 걸려 곤궁에 빠진 나를 어떻게 구해주었는지, 또 내가 전당포주인에게서 보물을 다시 회수할 때까지 얼마나 노심초사했었는지도 말해주었다. 그 순간 그녀는 행복하게 미소 지었다. 그리고 그와 동시에 그림의 어두운 바탕으로부터 사랑받는 얼굴은 점점 더 감미롭게 피어올랐다. 그것은 내게 거의 내 작품이 아닌 것같이 보였다. 때때로 그녀의 눈에 있는 어떤 따스한 것이 나를 바라보는 듯한 느낌이 들었다. 그러나 내가 그것을 포착하려고 했을 때 그것은 수줍게 뒷걸음질 쳤다. 그럼에도 불구하고 그것은 거의 나 자신도 모르게 붓을 통해 은밀하게 화폭으로 흘러들었고, 그 결과 극히 매혹적인 한 편의 그림이 탄생했다. 그런 것이 나의 손에서 나왔다는 것은 전무후무한 일이었다. 드디어 역시 때가 되어 날짜가 정해졌다. 그 이튿날 아침 나는 여행의 장도(壯途)에 오르게 되어 있었다.

카타리나가 그녀의 고모에게 가는 편지를 내게 건네주었을 때, 그녀는 다시 한 번 나와 맞은편에 앉았다. 오늘은 말장난 같은 것은 없었다. 우리는 진지하고 염려에 차 서로 얘기를 주고받는 동안, 나는 여기 저기 붓 칠을 하며, 가끔씩 벽에 걸려있는 관람자들에게 시선을 돌리곤 했다. 보통 카타리나가 함께 있을 때는 그때까지 그런 적이 없었는데도 말이다.

그때, 그림을 그리는 중에, 나의 시선은 내 옆에 걸려 있는 저 오래된 여인초상화에 멎었는데, 흰 면사포 사이에서 찌르는 듯한 잿빛 눈이 나를 향하고 있었다. 나는 몸서리를 치며 의자를 옆으로 밀쳐버릴 번했다.

그러나 카타리나의 감미로운 목소리가 나의 귀에 울려왔다. "그대는 정말 창백해졌네요. 무엇이 그대의 마음을 덮쳤나요, 요한네스?"

나는 붓으로 그림을 가리켰다. "그대는 저 여자를 알아요, 카타리나? 저 눈이 여기서 날이면 날마다 우리를 내려다보고 있었어요."

"저 여자요? 내가 어린아이였을 때 난 그녀가 두려웠어요. 그녀 앞을 벌써 어린아이일 적에도 나는 눈을 감고 휙 지나갔어요. 그녀는 아주 젊은 시절 게르하르두스의 영부인이에요. 백년 훨씬 오래전에 여기서 살았다고 해요."

"그녀는 그대의 아름다운 모친과 비교도 안 돼요," 나는 대꾸하였다. "저 용모에는 어떤 간청에도 '아니오'라고 말할 수 있는 모습이 남아 있어요."

카타리나는 아주 진지하게 내 쪽을 바라보았다. "역시 그렇게들 말해요," 그녀가 말했다. "그녀는 단 하나였던 딸자식을 저주했다고 해요. 그런데 그 다음 날 사람들은 죽은 숙녀를 정원 연못에서 건졌고, 그 못은 후에 메워졌다고 해요. 저 나무 울타리 뒤, 숲 쪽을 향해, 연못이 있었다고 해요."

"나도 알아요, 카타리나. 거기엔 오늘날도 아직 속새 풀과 등심초가 땅에서 솟아나고 있어요."

"우리 집안에 어떤 재앙이 다가오면 언제나 우리 가문의 여자 조상이 모습을 드러낸다는 것도 그대는 알고 있나요, 요한네스? 사람들 얘기로는 그녀가 처음엔 여기 창문들 옆으로 미끄러져 나가고, 다음은 바깥 정원 늪지에서 사라진다고 해요."

내키지는 않았지만 나의 시선은 다시금 그림 속의 움직이지 않는 눈으로 향하였다. "그런데 무엇 때문에," 나는 물었다. "그녀는 자식을 저주했다죠?"

"무엇 때문이냐고요?"—카타리나는 한동안 망설이다가, 그녀의 모든 매력을 풍기며 당황한 듯이 나를 쳐다보았다. "내가 믿기에, 그녀는 모친의 사촌을 그녀의 남편으로 맞기를 원치 않았어요."

"그렇다면 그가 그처럼 나쁜 사람이었던가요?"

순간적인, 거의 애원하는 그녀의 눈초리가 나에게 날아들었고 짙은 홍조가 그녀의 얼굴을 뒤덮었다. "나는 모르겠네요," 그녀가 곤혹스럽게 말했고, 그런 다음 목소리가 기어들어가는 듯, 거의 알아들을 수가 없을 정도로 나지막하게 말했다. "들리는 말에, 그녀는 어느 다른 사람을 사랑했는데, 그는 그녀의 사회계급 출신이 아니었다고 해요."

나는 화필을 내려놓았었다. 왜냐하면 그녀는 내 앞에서 머리를 푹 숙이고 앉아 있었기 때문이었다. 작은 손이 가만히 무릎에서 가슴으로 옮겨지지 않았다면, 그녀 자신이 생명 없는 그림이 되고 말았을 것이다.

그것이 그처럼 사랑스러웠지만, 나는 결국 입을 열고 말았다. "이렇게는 정말 그림 그릴 수가 없네요. 그대는 정말 나를 바라보지 않을 건가요, 카타리나?"

그리고 그녀가 이제 속눈썹을 갈색 눈동자들로부터 치켜올렸을 때 더 이상 숨길 것이 없었다. 뜨겁고 공개적으로 그 광채는 나의 마음에 와 닿았다. "카타리나!" 나는 벌떡 일어섰다. "저 여인은 그대도 저주했을까?"

그녀는 깊은 한숨을 내쉬었다. "예, 나한테도 그렇게 했겠죠, 요한네스!" 그때 그녀의 머리는 내 가슴에 머물렀고, 우리는 꼭 포옹한 채 냉랭하고 적대적인 시선으로 우리를 내려다보고 있는 그녀 조상의 초상화 앞에 서 있었다.

그러나 카타리나는 나를 가만히 밀어냈다. "그런 것으로 우리 너무 번거로워 하지 말아요, 요한네스!" 그녀가 말했다. 바로 그 순간에 계단실에서 들려오는 잡음이 들렸는데, 그것은 어떤 세발 가진 것 이층계를 힘들게 올라오는 느낌이 들었다. 그래서 카타리나와 내가 다시 제 자리에 앉고 내가 붓과 팔레트를 손에 쥘 때, 방문이 열리더니 정말 우리가 생각지도 않았던 우어젤 아주머니가 지팡이에 의지하여 기침을 하며 안으로 들어왔던 것이다. "내가 듣자하니," 그녀가 말했다. "자네가 액자를 조달하기 위해 함부르크로 가려고 한다지. 그러니까 내가 자네 작품을 한번 찬찬히 봐야 할 때가 된 것이야!"

노처녀들이 사랑의 문제에 있어서 가장 민감한 감각을 지니고 있고 그리하여 그들이 젊은 세대들에게 자주 고통과 슬픔을 가져다준다는 것은 여러모로 잘 알려져 있다. 우어젤 아주머니는 지금까지 아직 보지 못했던 카타리나의 초상화를 처음으로 보자마자 아주 거만하게 그녀의 주름진 얼굴을 바짝 치켜세우더니 나에게 대뜸 묻는 것이었다. "정말 저 숙녀가 저기 앉아 있는 그림에서와 같이 자네를 쳐다보았는가?"

가장 고귀한 미술에서 예술성은 정말로 단순한 얼굴 복사 이상의 것을 부여하는 데에 있다고 나는 대답했다. 그러나 우리의 눈들이나 뺨들에서 어떤 특이한 것이 그녀의 눈에 띄었음이 분명하였다. 그도 그럴 것이 그녀의 염탐하는 눈초리가 우리 사이에서 왔다 갔다 했기 때문이었다. "그러니까 그림 작업은 거의 끝나나?" 그녀는 그때 아주 목소리를 높이며 말했다. "네 눈엔 아픈 기운이 역력하구나, 카타리나야. 오래 앉아 있는 것이 너의 건강에는 좋지 않아."

난 그림은 곧 끝날 것이고 옷만 여기 저기 손보면 된다고 대답했다.

"자, 그렇다면 아마도 이 숙녀가 자네를 위해 더 이상 참석할 필요가 없겠네! 가자, 카타리나, 너의 팔이 저 굼뜬 지팡이보다 낫다!"

그리하여 나는 그 말라빠진 노부인이 내가 이제 막 획득했다고 믿었던 나의 마음의 보물을 내게서 납치해가는 것을 그냥 보고 있어야만 했다. 그 갈색 눈은 나에게 무언의 작별인사마저도 거의 보낼 수가 없었다.

그 다음 날 아침, 성요한절[35] 전날 월요일에, 나는 여행길에 올랐다. 나는 디터리히가 마련해준 작은 말을 타고 이른 시간에 관문을 벗어났다. 내가 전나무들 사이로 말을 타고 가고 있었을 때, 융커의 개들 중 한 마리가 그리로 뛰쳐나와, 심지어 그들의 마구간 출신인 내 짐승의 정강이 쪽으로 덤벼들었다. 하지만 안장 위에 앉아 있는 자는 누구나 그것들에게는 언제나 의심스러웠다. 그럼에도 나와 말은 거기서 별 상처를 입지 않고 잘 빠져나와 여유로운 저녁 시간에 함부르크에 도착하였다.

그 다음 날 아침에 나는 일어나서 곧 조각가 한 사람을 찾

---

35 원문 'Johannis'는 6월 24일.

았는데, 그는 조립하여 모퉁이에 장식만 달면 되는 액자들을 많이 준비해 놓고 있었다. 그래서 매매 조건에 쉽게 합의를 했고, 장인 대가는 모든 것을 잘 포장해서 내 주소로 송부해주겠다고 약속했다.

그날 오후에 나는 프레에츠에 당도하자마자, 수녀원으로 가서 수녀원장님에게 인사를 드린 후에 곧 수도원의 입장을 허락받았다. 나는 곧바로 작고한 게르하르두스 어르신의 누이동생임을 그녀의 당당한 인품을 보고 알아차렸다. 단지, 결혼을 못해본 여인들에게서 종종 관찰되는 얼굴 모습이지지만, 오라버니의 경우에서보다 훨씬 더 엄격하였다. 내가 카타리나의 서신을 전달하고 난 뒤에도, 나는 길고 엄한 시험을 치러야만 했다. 하지만 시험 후에 그녀는 조력을 약속하고, 자신의 책상 앞에 앉았다. 그리고 하녀가 나를 다른 방으로 인도하여, 거기서 나는 아주 푸짐하게 대접을 받았다.

내가 말을 타고 떠났을 때는 벌써 늦은 오후였다. 우리가 이미 수십 킬로를 함께 달렸기 때문에 내 말이 상당히 지쳐 있었지만, 나는 그래도 자정이 되기 전에 늙은 디터리히의 방문을 두드릴 수 있을 거로 계산하였다. 늙은 부인이 카타리나에게 보낸 서신을, 나는 조끼 밑 가슴 쪽 위에 있는 작은 가죽 주머니에 넣어 잘 보관하고 있었다. 그렇게 나는 깊어가는 황혼 속으로 달려 나갔다. 그녀를, 그녀만을 되풀이하여 생각했고, 나의 가슴은 감미롭고 신선한 생각들로 터져버릴 지경이었다.

하지만 때는 따스한 유월(六月)의 밤이었다. 어두운 들판에서는 초원 야생화의 향내가, 나무 울타리들에서는 인동덩굴의 향기가 풍겨 왔다. 야간 곤충들이 보이지 않게 공중에서 또 잎들 사이로 날아다니는가 하면, 헐떡이는 말의 콧구멍 주변으로 붕붕거리며 날아들기도 했다. 하지만 내 머리 위 남동쪽, 검푸르고 거대한 천공에는 백조자리가 순결하고 찬란한 광채를 발휘하고 있었다.

내가 드디어 게르하르두스 어르신 장원의 경계 안으로 발을 디뎠을 때, 나는 당장 숲 뒤쪽 대로변 옆에 있는 마을로 건너가기로 결정했다. 여인숙 주인 한스 오트센이 적당한 손수레를 가지고 있으니까, 사환 하나를 시켜 그것을 가지고 시내로 가서 함부르크에서 오는 짐 궤짝을 나대신 받아 올 수 있을 거로 생각했기 때문이었다. 나는 그렇게 그에게 그런 것을 주문하기 위해 그의 방 창문을 단지 두드리려고만 했다.

그런 생각을 하며 나는 숲의 가장자리를 따라 말을 타고 가고 있었는데, 장난하는 듯한 불빛으로 내 주위를 여기저기 맴돌고 있는 녹색 반딧불이에 의해 눈이 어질어질해지는 것 같았다. 벌써 교회는 내 앞에 크고 검게 우뚝 솟아올랐고, 바로 담 안에 게르하르두스 어르신네가 그의 조상들 곁에서 쉬고 있었던 것이다. 나는 종탑에서 이제 막 망치가 뒤로 쳐들리는 것을 들었고, 다음 종으로부터 자정을 알리는 소리가 마을 아래로 울려 퍼졌다. "그러나 그들은 모두 자고 있어," 나는 혼자 중얼거렸다. "저 교회 안 또는 저 높은 별 하늘 밑 여기 지상의 교회 공동묘지에 잠들어 죽은 자들이나 또 저기 네 앞에 말없이 컴컴하게 놓여 있는 저 낮은 지붕들 밑에서 살아 있는 사람들까지 모두 말이다." 그렇게 나는 계속 말을 달렸다. 하지만 내가 한스 오트센의 선술집이 보이는 연못가에 왔을 때, 나는 한 줄기 어슴푸레한 불빛이 그곳으로부터 도로를 따라 새어나오고 있는 것이 보였고 또 바이올린들과 클라리넷들 소리가 나를 향해 울려 퍼졌다.

그럼에도 내가 선술집 주인과 얘기하길 원해서, 나는 그리로 말을 타고 가서 말을 마구간에 매어 두었다. 그러고 나서 내가 큰 곡창 마당으로 들어섰을 때, 그곳은 온통 사람들로 붐볐는데, 남자들과 여자들이 지르는 고함소리와 거친 소동은 내가 지난 수년 간 어디에서도, 심지어 어느 춤판에서도, 본 적이 없었다. 대들보 밑에서 흔들리는 수지(樹脂) 양초들의 불빛은 어둠에서 수염 덥수룩하고 일그러진 얼굴을 드러내보였는데, 그런 인물은 사람들이 숲속에서 홀로 만나기가 두려웠을 것이다. 그런데 여기서 건달들과 젊은 농부들만이 재미난 시간을 보내고 있는 것 같지 않았다. 저쪽 거실[36] 앞에서 자신들의 통들 위에 앉아 있는 악사들 근처에, 폰

---

36 원문 'Döns'는 그 지방 농가의 앞마당으로 이어지는 잘 꾸며진 거실.

데어 리뤼 융커가 서 있었다. 그는 한 팔에 그의 망토를 걸쳐 놓고, 다른 팔에는 상스러운 창녀가 매달려 있었다. 그런데 선율이 그의 마음에 들지 않는 것 같았다. 왜냐하면 그는 바이올린 연주자의 손에서 깡깡이를 잡아채고, 통 위로 주화(鑄貨) 한줌을 던지고는 그들에게 투스텝 최신 곡을 연주할 것을 요구했다. 악사들이 이내 그의 명령에 복종하고 미친 듯이 최신 곡을 연주하자, 그는 자리를 비우라고 소리치며 빽빽한 군중 속으로 훌쩍 뛰어 들어갔다. 그리고 젊은 농군들은 눈을 뚱그렇게 뜨고 창녀가 독수리 앞의 비둘기처럼 그의 팔에 안겨 있는 것을 바라보았다.

하지만 나는 거기서 발길을 돌려 주인과 얘기하기 위하여 뒤쪽에 있는 휴게실로 들어갔다. 거기엔 융커 불프가 포도주 한 단지를 끼고 앉아 있고, 그의 옆에 앉아 있는 늙은 오트센에게 온갖 심술을 부리며 그를 애태우고 있었다. 그에게 그가 물어야 할 집세를 올리겠다고 위협했고, 불안에 휩싸인 남자가 자비를 베풀고 배려해 주기를 애걸복걸했을 때는 배꼽 빠지게 웃어댔다. 그가 내가 와있다는 것을 눈치 챘을 때도, 내가 합석하여 세 명이 될 때까지 그는 그 짓을 멈추지 않았다. 이제 그는 나의 여행에 대해 또 함부르크에서 재미난 시간을 보냈는지 물었다. 나는 그저 내가 이제 막 그곳에서 돌아오는 길이라고만 해두었고, 또 액자는 얼마 안 있어 시내에 도착할 것이고, 한스 오트센은 손수레를 가지고 그리로 가서 손쉽게 그것을 받아가지고 올 수 있을 것이라고 말했다.

내가 한스 오스텐과 이것을 이야기하고 있을 때, 폰 데어 리슈가 들어 와서는 자기에게도 시원한 술 한 잔 갖다 달라고 소리쳤다. 하지만 융커 볼프는 이미 입 안에서 혀가 잘 돌아가지 않아, 그의 팔을 꽉 잡고 그를 거기 빈 의자에 끌어다 앉혔다.

"자, 쿠르트," 그가 소리쳤다. "너 아직도 저 계집애들하고 재미를 덜 봤구나!" 카타리나 그 애가 이것에 대해 무어라고 말하겠니? 이리 와, 우리도 유행에 맞춰 근사한 '요행수'[37] 게임을 한 판 벌리자!" 그렇게 말하며 그는 조끼 밑에서 카드놀이 한 패를 끄집어냈다. "자, 시작!—10과 퀸!—퀸과 잭!"[38]

나는 서서 그 당시 막 유행한 카드놀이를 구경하였다. 단지 그 밤이 빨리 지새고 아침이 오기만을 바라면서. 하지만 취한 자가 이번에는 취하지 않은 자를 제압하는 경우가 되었다. 폰 데어 리슈는 퀸 패마다 실패였다.

"신경 쓰지 마, 쿠르트!" 융커 볼프가 말하고는, 싱긋 웃으며 은화[39]들을 수북하게 긁어모았다.

37　원어 'hasard'는 프랑스어로 일차적으로는 '요행, 위험'을 뜻하는데 더 나아가서 주사위나 카드놀이를 뜻함.

38　원어 'Allons donc! — Dix et dame — Dame et valet!'는 프랑스어로 독일 상류사회에 많이 유포되어 있었음.

39　원어 'Speciesthaler'는 그 당시 머리 무늬가 박힌 경화로 현재 30 유로 정도의 구매력을 지니고 있음.

사랑에 운이

노름에 운이!

하룻날 한 사람에게

그건 너무해!

여기 있는 화가로 하여금 너의 아름다운 예비 신부에 관해 얘기해 달라고 해라! 저 사람은 그녀를 샅샅이 알고 있다. 그러니까 너는 그걸 예술적인 방식으로 알게 될 것이다."

다른 친구는, 내가 여러 모로 알게 된 바로는, 여전히 아직 사랑의 기쁨 같은 것은 잘 모르는 것 같았다. 그도 그럴 것이 그는 저주하며 식탁을 주먹으로 내리치고 아주 격노해서 나를 노려보았다.

"왜 그래, 너 질투하는구나, 쿠르트," 융커 불프는 느긋하게 말하는데, 그것은 마치 한마디 한마디를 그의 무거운 혓바닥 위에서 되씹는 듯하였다. "하지만 위로 받아라, 그림이 들어갈 액자가 벌써 준비되어 있어. 네 친구인 화가가 이제 막 함부르크에서 오는 길이래."

나는 폰 데어 리슈가 이 말을 듣더니 낌새를 챈 탐색견(探索犬)처럼 펄쩍 뛰는 것을 보았다. 늘 함부르크에서 온다고? 그렇다면 그가 파우스트[40]의 망토를 사용한 것이 틀림없겠군.

---

40 민담에 의하면 파우스트 박사는 마술사로서 그의 망토를 타고 이 도시 저 도시로 날아서 이동한다고 함. 괴테의 희곡《파우스트》참조.

그가 오늘 정오경에 아직 프레에츠[41]에 있는 것을 보았다고 내 마부가 말했으니까! 수녀원에서 네 고모를 방문하고 온 거야."

내 손이 부지중에 가슴 쪽으로 갔는데, 거기엔 편지를 보관한 가죽주머니가 있었다. 왜냐하면 융커 불프의 술 취한 눈이 나를 응시하고 있었다. 그가 이제 나의 모든 비밀을 환히 들여다보고 있다는 느낌을 지울 수가 없었기 때문이다. 따라서 오래지 않아 카드들은 식탁에 내팽개쳐졌다. "아하!" 그가 소리쳤다. "수녀원에서 내 고모를 뵙고 왔다! 그렇다면, 젊은 친구, 너는 족히 두 가지 직업에 종사하고 있군, 그래! 이런 심부름을 하라고 누가 너를 보냈나?"

"자네는 아니지, 융커 불프!" 나는 대구했다. "그만하면 자네가 알만 한데!" 나는 나의 펜싱용 칼을 더듬어 찾았으나, 그것은 거기 없었다. 그때 내가 조금 전 말을 마구간에 데려다놓았을 때, 그것을 안장 앞머리에 걸어두었던 것이 생각났다. 그리고 융커는 벌써 그보다 젊은 짝패에게 다시 소리 지르고 있었다. "그의 조끼를 찢어 열어 봐, 쿠르트! 여기 번쩍이는 은화들 모두를 걸고 장담하건대, 자네가 수신자에게 전달되지 않

___

41 이 플롯의 중심지인 후줌과 함부르크는 독일 북극해변 북과 남에 위치해 거의 직선거리이고 프레에츠(Preetz)는 동해 쪽에 위치해 위에 말한 두 도시와 거의 등변 삼각형을 이루고 있어 주인공 요한네스가 지름길 대신 에움길을 택한 것이 수상쩍게 보인 것임.

기를 바라는 예의바른 서신을 발견하게 될 거야!"

같은 순간에 나는 벌써 폰 데어 리슈가 내 몸에 손대고 있는 것을 느꼈고 우리는 서로 격렬한 몸싸움을 시작하였다. 내가 소년시절에 그랬던 것처럼 그를 쉽게 압도하지 못할 것이라고 간파했다. 그런데 운 좋게도 나는 그의 두 손목을 꽉 잡고 있어서 그는 내 앞에 수갑을 찬 듯 서 있었다. 우리 중 누구도 한마디 말을 할 수가 없었다. 하지만 우리가 이제 서로 노려보았을 때, 각자는 직감적으로 서로가 치명적인 적을 앞에 두고 있다는 것을 깨달았다.

융커 불프도 그렇게 생각하는 것 같았다. 그는 폰 데어 리슈를 도와주려는 듯이 의자에서 일어나려고 애썼지만, 포도주를 너무 많이 들이마신 것 같았다. 왜냐하면 그는 비틀거리며 자리에 다시 주저앉았기 때문이다. 그때 그는 웅얼거리는 혀로 아직 할 수 있는 만큼 큰 소리로 소리쳤다. "야, 타르타르! 튀르크! 너희 어디 있어! 타르타르! 튀르크!" 그리고 내게 이제 분명한 것은 내가 조금 전 탈곡장 위 목로주점 주변을 어슬렁거리는 것을 보았던 사나운 개들이 이제는 들어난 내 목까지 뛰어오를 수 있다는 것이었다. 그것들이 혼잡하게 춤추는 사람들 가운데를 지나 코를 킁킁거리며 이리로 오는 소리를 벌써 듣게 되었을 때, 나는 단번에 나의 적을 바닥에 확 밀쳐버리고, 도망갈 시간을 벌기 위해, 옆문을 세차게 닫으면서, 옆문 근처의 방에서 뛰쳐나갔다.

그리고 내 주위엔 갑자기 다시금 밤의 정적과 달빛과 별빛이 어른거렸다. 내 말을 찾으러 감히 마구간으로 가지를 못하고 재빨리 한 둔덕을 넘어 들판을 지나 숲을 향해 달렸다. 내가 곧 거기에 도달했을 때, 나는 장원으로 가는 방향을 따라 걷고자 애썼다. 왜냐하면 수풀이 정원 담 가까이에서 끝나기 때문이었다. 달과 별들의 빛이 여기서는 나뭇잎들에 가려져 있었다. 그러나 내 눈은 곧 어둠에 익숙해졌다. 내가 조끼 밑에 있는 작은 주머니가 안전하다고 느꼈을 때, 나는 활기차게 길을 더듬으며 앞으로 나갔다. 왜냐하면 나는 남아있는 밤을 다시 한 번 내 방에서 푹 쉬고 나서 그 다음 그래도 늙은 디터리히와 앞으로 어떻게 해야 할지를 상의하는 것이 최선이라고 생각했기 때문이었다. 이제는 내가 여기에 더 머무를 수 없다는 것은 너무나도 분명하였다.

때때로 나는 멈추어 서서 귀 기울여 듣기도 하였다. 그런데 내가 빠져나올 때 그 문이 잠가질정도로 쾅하고 닫아 상당히 앞선 것 같았다. 개 소리는 전혀 들리지 않았다. 하지만 내가 막 그늘에서 달빛으로 환한 숲속 공터로 들어섰을 때, 나는 그리 멀지 않은 곳에서 나이팅게일들이 지저귀는 소리를 들었다. 바로 거기서부터 소리가 나는 쪽으로 방향을 잡고 걸어나갔다. 그것들이 이 근처에서는 오로지 저택 정원의 울타리들에서만 그것들의 둥지들을 틀고 있기 때문이었다. 그리하여 내가 어디에 와 있는지 또 안마당에서 그리 멀지 않은 곳에 있다는 것도 인식하였다.

그래서 나는 내 앞 어둠으로부터 점점 더 명료하게 울려 퍼지는 사랑스런 음향을 따라갔다. 그때 갑자기 어떤 다른 것이 내 귀청을 때리고, 그것은 급작스레 내게 점점 더 가까이 와서 내 피를 얼어붙게 만들었다. 그 개들이 관목들을 헤치며 오고 있다는 것을 더 이상 의심할 여지가 없었다. 그들은 내 냄새를 맡고 뒤를 좇고 있었던 것이다. 그리고 나는 벌써 내 뒤에서 그들의 숨 몰아쉬는 소리와 숲속 바닥의 메마른 낙엽 위로 힘차게 내딛는 소리를 분명히 들었다. 하지만 하느님은 나에게 그의 자비로운 보호를 허락하셨다. 나는 비틀거리며 나무들의 그늘에서 정원 벽 쪽으로 가서, 라일락 가지의 도움을 받아 벽을 넘어갔다. 여기 정원에서는 여전히 나이팅게일들이 노래하고 있었다. 너도밤나무 재목으로 만들어진 울타리들은 짙은 그늘을 만들어 주고 있었다. 내가 외지(外地)로 떠나기 전 이와 같은 달밤에, 나는 게르하르두스 어르신과 이리로 산책을 나왔었다. "이 모든 것을 다시 한 번 잘 바라보게, 요한네스!" 그가 말했다. "네가 귀향했을 때 너는 나를 더 이상 다시 찾지 못할 수 있고, 그렇게 되면 너를 환영하는 인사말이 대문에 적혀 있지 않을 수도 있다. 하지만 나는 네가 이 장소를 잊지 않았으면 싶구나."

그 말이 이제 내 마음속을 스쳐 지나갔고, 나는 쓸쓸한 웃음을 지었다. 그도 그럴 것이 나는 이제 여기서 쫓기는 야생동

물과 다를 바가 없었기 때문이다. 그리고 벌써 나는 융커 불프의 개들이 아주 사납게 저 바깥쪽 정원 담을 따라 내달리고 있는 소리를 들었다. 하지만 그 담은, 내가 예전에 본 바로는, 그 광분하는 짐승이 뛰어넘지 못할 만큼 모든 곳이 높지 않았다. 그리고 정원 안에는 빙 둘러 나무가 하나도 없고, 단지 빽빽한 울타리들과 저쪽 저택을 마주하고 만들어진 작고 한 어르신의 화단밖에 없었다. 그때, 바로 개들의 짖는 소리가 승리의 울부짖음처럼 정원 담 안쪽에서 울려 퍼질 때, 궁지에 몰린 나는 강인한 줄기로 탑 위로 뻗어나간 오래된 담쟁이나무를 눈여겨보았다. 그런 다음 개들이 울타리들로부터 달빛 환히 비치는 공간으로 뛰쳐나왔을 때, 나는 이미 그들이 뛰어올라 나에게 미치지 못할 정도로 높은 위치에 있었다. 그들은 나의 어깨에서 흘러내린 망토만을 그들의 이빨로 내게서 물어뜯어갔다.

하지만 나는, 벽에 달라붙어서, 위로 올라가면 더 약해지는 담쟁이가지가 나를 더 오래 지탱해주지 못할 것이라고 두려워하면서, 어디 더 나은 붙잡을 것이 없나하고 내 주위를 둘러보았다. 하지만 내 주위엔 컴컴한 담쟁이 잎들밖에 보이는 것이 없었다. 그때, 내가 그런 곤경에 빠져 있을 때, 내 위쪽에서 창문이 열리는 소리가 들리고, 한 목소리가 밑에 있는 나를 향해 울려 퍼졌다―나의 하느님, 당신이 이제 곧 나를 이 지상

골짜기 원문[42]에서 불러오게 하신다면, 나는 그 목소리를 다시 듣고 싶습니다! —"요한네스!" 그 목소리가 불렀다. 나지막하지만 분명하게 나는 내 이름을 들었다. 그래서 나는 점점 더 약해지는 가지를 타고 더 높이 기어오르는데, 내 주변에서 잠자고 있던 새들이 후닥닥 놀라고, 개들은 아래서부터 으르렁거리는 소리를 위를 향해 내뱉었다. "카타리나! 그대가 정말 맞아, 카타리나?"

그러나 떨리는 작은 손 하나가 나에게 내려와 나를 열린 창문으로 끌어 올렸다. 그리고 나는 공포에 질려 저 깊숙한 아래 장면을 응시하고 있던 그녀의 두 눈을 직시하였다.

"어서 와요!" 그녀가 말했다. "저들은 그대를 잡아 갈기갈기 찢을 거예요." 그때 나는 몸을 날려 그녀의 방으로 들어갔다. 그러나 내가 안에 있자, 그녀의 조그만 손은 나를 놓아주고, 카타리나는 창문 옆에 있는 안락의자에 푹 주저앉더니 두 눈을 꼭 감았다. 그녀의 촘촘히 땋은 머리들은 흰 잠옷 위로 무릎까지 내려왔다. 바깥 울타리 위로 솟아오른 달은 직접 방 안을 비춰 나에게 모든 것을 보여주었다. 나는 그녀 앞에 완전히 넋 나간 듯이 서 있었다. 그녀는 나에게 그렇게 매력적일 정도로 낯선 여자로 그럼에도 완전히 나의 여자로 보였다. 다만 나의 두 눈은 그녀의 아름다움을 실컷 들이마시고 있었다.

---

42 'Erdenthal'은 'Menschenwelt 인간세계'에 대한 자연 이미지. 보통은 'Tränental 눈물의 골짜기'로 쓰임.

탄식 소리가 그녀의 가슴 안에서 새어 나왔을 때에야 비로소 나는 그녀에게 말했다. "카타리나, 사랑하는 카타리나, 그대는 꿈을 꾸고 있는 게, 맞지?"

그 순간 어떤 아파하는 미소가 그녀의 얼굴을 스쳤다. "거의 그랬던 것 같아, 요한네스! 삶은 그렇게 힘들고 꿈은 달콤해!"

그러나 저 아래 정원에서 개 짖는 소리가 다시 들려오자 그녀는 놀라 펄쩍 뛰었다. "저 개들, 요한네스!" 그녀는 소리쳤다. "저 개들은 왜 저래?"

"카타리나," 내가 말했다. "내가 그대를 도울 일이 있다면, 그것을 꼭 실행시킬 거야. 왜냐하면 내가 다시 한 번 정문을 통해 이 집으로 들어오기란 힘들 것 같기 때문이지." 그렇게 말하면서 나는 내 작은 가죽주머니에서 편지를 끄집어냈다. 그리고 저 아래 선술집에서 융커들과 싸우게 된 연유를 얘기해주었다.

그녀는 편지를 밝은 달빛에 비쳐 보며 읽었다. 그런 다음 그녀는 진심으로 또 다정하게 나를 바라보며, 우리가 그 다음 날 어떻게 전나무 숲에서 만날 것인지를 상의했다. 왜냐하면 킬(Kiel) 시의 요한니스 축제 대목장에 가려는 융커 볼프의 여행 출발 일자가 어떻게 잡혀 있는지를 먼저 알아낼 필요가 있기 때문이었다.

"그런데 말이요, 카타리나," 내가 말했다. "내가 저 밑에 있는 개 두 마리로부터 나를 방어하기 위해 그러는데, 그대에게 무기같이 보이는 어떤 것, 금속 자 같은 것은 없나요?"

하지만 그녀는 꿈에서 깨어난 듯 소스라쳐 놀랐다. "그대는 지금 무슨 말을 하는 거요, 요한네스!" 그녀가 소리쳤다. 그리고는 그때까지 그녀 무릎에 가만히 놓여 있던 그녀의 두 손이 내 손을 잡고자 하였다. "안 돼, 떠나지 마, 떠나지 마! 저 밑에는 죽음이 있어. 그리고 네가 가면, 여기서도 죽음을 맞이할 거야!"

그때 나는 그녀 앞에 무릎을 꿇고 그녀의 젊은 가슴에 안겼다. 그리고 엄청난 슬픔을 느끼며 서로 포옹하였다. "아, 귀여운 케테,"[43] 내가 말했다. "우리의 가없은 사랑이 과연 무엇을 할 수 있단 말인가! 불프가 네 오빠만 아니래도 좋을 텐데. 나는 귀족은 아니야, 그러니 내가 너에게 구애해서는 안 되는 법이지."

아주 감미롭고 배려 깊게 그녀는 나를 바라보았다. 하지만 다음 순간 그녀의 입에서 장난기 어린 말이 튀어 나왔다. "귀족이 아니라고, 요한네스?—나는 네가 귀족이라고 생각했는데! 그러나—아, 그게 아니었어! 네 아버지는 단지 내 아버지의 친구였으니까 말이야. 세상에는 그게 안 통하겠지!"

"안 통하지, 케테. 세상에서 통하지 않고, 확실히 여기서도

---

43 요한네스는 그에 대한 카타리나의 사랑을 확인하고 호칭을 "Ihr 자네"에서 "Du 너"로 바꾸고 그 이름도 카타리나(Katharina)에서 케테(Käthe)로 바꾸고 있음.

안 통해," 나는 대꾸하고 처녀인 그녀의 몸을 더 꽉 껴안았다. "하지만 그곳 홀란드에서는 말이야, 그곳에서는 유능한 화가 한 사람이 독일 귀족 한 사람과 엇비슷해. 암스테르담에 있는 민헤르 반 디크[44]의 궁전의 문턱을 넘는 것은 가장 지체 높은 귀족에게도 큰 명예가 되고도 남을 것이야. 사람들이 나를 그곳에 잡아두고자 했어, 나의 장인(匠人) 대가 반 데르 헬스트와 다른 사람들이 말이야! 내가 그곳에 일 년만이라도 또는 이 년만이라도 가게 되면 좋겠는데. 그렇게만 되면—우리는 물론 여기를 떠나는 거지. 그대의 광폭한 융커에 대항하여 그저 내 옆에서 굳세게 남아줘!"

카타리나의 창백한 손들이 나의 곱슬머리 위를 쓰다듬었다. 그녀는 애무하며 나를 껴안았고 나지막하게 말했다. "내가 너를 내 방으로 들어오게 했으니까, 나는 정말 네 아내가 되어야 해."

이 말이 나의 혈관에 얼마나 뜨거운 불길을 지폈는지 그녀는 확실히 예감하지 못했다. 그렇지 않아도 나의 피는 뜨겁게 고동치고 있었는데 말이다. 세 개의 무서운 정령들—분노와 죽음의 공포와 애욕—에 쫓기는 남자가 되어, 이제 내 머리는 깊이 사랑하는 여인의 무릎 위에 뉘여 있었다.

그때 날카로운 휘파람 소리가 귀청을 때렸다. 저 밑에 있

---

44 원문 'Mynheer van Dyck'에서 그 첫 단어는 호칭으로 '신사 양반'에 해당함.

던 개들이 갑자기 조용해졌다. 그리고 다시 한 번 쩨지는 소리가 났을 때, 나는 그들이 미친 듯 난폭하게 그곳으로부터 달아나는 소리를 들었다.

안마당에서 발자국 소리가 들렸다. 우리는 긴장하여 숨이 멎을 정도로 귀 기울여 들었다. 그러나 곧 거기서 어느 문이 열리더니 닫히고, 그 다음 빗장을 지르는 소리가 났다. "저건 불프야," 카타리나가 나지막하게 말했다. "그는 개 두 마리를 마구간에 넣고 문을 잠갔어." 우리는 또한 우리 발밑에서 대청 문이 움직이고 열쇠를 돌리는 소리도 들었다. 그 다음 복도를 걷는 발자국 소리가 융커의 방이 있는 데서 사라지는 것도 들렸다. 그러더니 모든 것이 잠잠해졌다.

이제 드디어 안전했다, 완벽하게 안전했다. 하지만 우리가 스스럼없이 얘기하는 것도 갑자기 단호히 끝이 났다. 카타리나는 머리를 들고 상반신을 뒤로 기대었다. 단지 우리 두 사람의 심장이 두근거리는 소리만이 들렸다. "내가 이제 가야 하나, 카타리나?" 내가 드디어 말했다.

그러나 젊은 팔이 나를 말없이 그녀의 입가로 끌어올렸다. 그리고 나는 가지 않았다.

정원의 깊숙한 곳에서 밤 꾀꼬리들의 노랫소리와 정원 너머 울타리 주변으로 흘러가는 작은 시냇물 소리 외엔 어떤 음향도 없었다.

전해 내려오는 노래들 말마따나, 때때로 밤이 되면 아름다운 이방(異邦)의 여신 비너스가 부활하여 가엾은 사람들의 마음들을 홀리기 위해 배회한다고 하는데, 그때가 바로 그런 밤이었다. 달빛은 하늘에서 이울고, 꽃들의 후덥지근한 내음은 창문을 통해 풍겨오고, 저기 숲 위에서는 마른 번갯불이 밤새 번득였다.—오, 야경꾼이여, 야경꾼이여, 그대의 외침은 아직도 멀었는가?

내가 아직도 생생히 기억하는 것은 그때 안마당에서 갑자기 수탉들이 날카롭게 울었고, 나는 울고 있는 창백한 여인을 내 팔 안에 껴안고 있었던 일이다. 아침이 정원 위로 밝아오고 아침의 붉은빛이 방 안으로 비치기 시작했는데도 미처 그것을 알지 못한 그녀는, 나를 놓아주려고 하지 않았다. 그러나 다음 순간, 그녀가 상황을 깨달았을 때, 그녀는 극도의 공포에 사로잡힌 듯, 나를 밀어냈다.

다시 한 번 키스하고, 또 수없이 그렇게 했다. 게다가 즉흥적으로 한 약속. 정오에 하인배에게 알리는 종소리가 울릴 때, 우리는 전나무 숲에서 만나기로 했다. 그리고 나서—나 자신도 어떻게 그리되었는지 모른 채—나는 정원 저 밑에서 서늘한 아침 공기를 마시며 서 있었다.

내가 개들에 의해 물어 찢긴 망토를 집어 들고, 나에게 작별을 하고 있는 창백한 작은 손을 보기 위해, 다시 한 번 위를 쳐다보았다. 하지만 그때, 나는 거의 소스라치게 놀랐는데, 그것은 나의 눈이 정원 오솔길에서 뒤돌아보며 탑 옆에 있는 창들을 스쳤을 때, 창문 뒤에 있는 한 손을 본 것 같은 생각이 들었기 때문이다. 그런데 그 손은, 나를 향해 손가락을 쳐들며 위협했는데, 내게는 죽음의 손같이 핏기 없고 뼈만 앙상하게 보였다. 그렇지만 그것이 내 눈을 스친 것은 그저 순간의 일이었다. 정말 먼저 머리에 떠오른 것은 경우에 따라 출몰한다는 조모(祖母)의 전설이었다. 하지만 그땐 내게 그런 장면이 요술처럼 연출된 것은 극도로 교란된 감각 때문이라고 나 자신에게 다짐하였었다.

그래서 그런 것에 더 이상 신경 쓰지 않으면서 나는 서둘러 정원을 통해 걸어 나갔는데, 하지만 곧 내가 조급한 나머지 갈대가 자라고 있는 늪지로 들어간 것을 곧 깨달았다. 한 발이, 마치 무엇이 그것을 아래로 끌어당기는 것같이, 발목 위까지 빠졌다. '아이고,' 나는 생각했다. '가문의 유령이 역시 너를 잡으려고 하는구나!' 하지만 나는 용케 몸을 빼낸 다음 담을 넘어 숲속으로 뛰어갔다.

빽빽한 나무들 사이의 어둠은 나의 꿈꾸는 듯한 심리상태에 잘 들어맞았다. 감각들이 벗어나고 싶지 않은 지복한 밤이 여기 내 주위로 지속되고 있었다. 내가 시간이 한참 흘러 숲 가장자리를 벗어나 확 트인 들판으로 나오고 나서야 비로소 나는 제정신이 들었다. 한 무리의 사슴들이 좀 떨어진 거리에서 은회색 이슬을 머금고 있었고 내 머리 위 공중에서는 종달새의 아침 노래가 울려 퍼졌다. 그때 나는 모든 한가한 몽상을 내게서 떨쳐버렸다. 하지만 그 같은 순간에 나의 마음에 질문이 화급하게 떠올랐다. '무엇을 더 한단 말인가, 요한네스? 너는 한 귀한 생명을 가로챘다. 자 명심해, 그녀의 삶이 있을 때만 너의 삶이 있는 거다!'

그럼에도 내가 무슨 생각을 해보아도 한결같은 소망은 카타리나가 수녀원에서 은신처를 제공받았으면 하는 것이고, 그렇게 되면 내가 홀란드로 다시 돌아가 그곳 친구들의 도움을 확보하고는 다시 고향으로 돌아와 그녀를 데려가는 것이었다. 그녀가 아마도 늙은 우어젤 아주머니의 마음을 누그러뜨렸을 거야. 최악의 경우에는 그녀의 도움 없이도 그렇게 할 수 있어야 해!

나는 벌써 우리가 상쾌한 바크형 범선을 타고 초록빛 '조이데르 해'[45] 위로 지나가는 장면을 상상하였고, 벌써 암스테르담 시청 종탑으로부터 명종곡(鳴鐘曲)이 울려 퍼지는 소리를 들었다. 또한 부두에서 내 친구들이 운집한 군중을 밀치고 나와서 나와 아름다운 아내를 큰 소리로 환영하고, 의기양양하게 행진하여 우리를 작지만 아늑한 새 보금자리로 인도하는 장면을 마음속으로 그렸다. 나의 마음은 용기와 희망으로 가득 차 있었다. 그리하여 보다 힘차게 또 보다 재빨리 발걸음을

---

45 원문 'Zuidersee'는 당시 홀란드 북해 해안의 작은 만이었으나 현재는 1920년 이래 반복되는 간척사업을 통해 담수의 내륙 호수가 되었음.

옮겼는데, 나는 그렇게 해서 좀 더 빨리 행복에 도달할 것만 같았다.

그러나 일은 달리 진행되었다.

그런 생각에 빠져 나는 점차로 마을에 도달했고, 내가 그날 밤 그렇게 급히 도망해야 했던 한스 오트센의 선술집으로 들어갔다. "아이고, 장인(匠人) 요한네스," 노인은 탈곡 마당에서 나를 향해 소리쳤다. "자네는 어제 인정사정없는 융커들과 정말 무슨 일이 있었나? 나는 그때 마침 바깥 목로주점에 있었거든. 그런데 내가 다시 안으로 들어가니까 그들은 자네를 향해 아주 지독한 욕설을 퍼붓고 있었네. 그리고 개들도 말일세, 자네가 나가면서 쾅 닫아 잠긴 그 문 앞에서 발광을 하고 있었네."

내가 그런 말들에서 노인이 싸움의 연유(緣由)를 제대로 이해하지 못하고 있다는 것을 알아차렸을 때, 나는 그저 단순히 대꾸했다. "자네도 짐작하듯이, 폰 데어 리슈와 나는 이미 소년 시절에 가끔 한바탕 드잡이 싸움을 하곤 했지. 그러니까 어제는 따지고 보면 뒷맛 같은 거였네."

"나도 알고 있네, 알고 있어!" 노인이 말했다. "하지만 융커는 현재 부친의 장원을 소유하고 있네. 요한네스 씨, 그러니 조심해야 하네. 그런 인간들은 그저 피하는 게 상책이네."

그의 말에 이의를 제기할 이유가 없어서, 나는 잠자코 그저 빵하고 아침 술 한잔을 갖다 달라고 했고, 그 다음 마구간에 가서 내 펜싱 칼을 꺼내고 또 배낭에서 연필과 스케치북을 꺼냈다.

정오의 종소리가 장원으로부터 울릴 때까지는 한참 더 있어야 했다. 그래서 나는 한스 오트센에게 그의 사내아이를 시켜 말을 장원에 갖다 주라고 부탁하고, 그가 그렇게 하기로 약속하자, 나는 다시 숲을 향해 발걸음을 옮겼다. 하지만 나는 높은 구릉 묘지[46] 꼭대기까지 갔는데, 그곳에서는 장원저택의 두 맞배지붕이 정원 울타리 위로 솟아오른 것이 보이고, 내가 카타리나의 초상화의 배경으로 이미 선택한 곳이기도 하였다. 그때 내가 생각해낸 것은 바라마지 않는 미래에 그녀 자신도 타향에 살면, 아마도 고향집에 더 이상 발을 들여놓지 못하게 될지도 모르니, 전경(前景)을 전혀 보지 못하고 지내서는 안 된다는 것이었다. 그래서 나는 연필을 꺼내서 아주 조심스럽게 그녀의 눈길이 평소에 닿았을 법한 어떤 작은 구석도 놓치지 않고 스케치하기 시작했다. 그런 다음 거기에 유화 채색을 하는 것은 암스테르담에서 하게 될 것이고 그렇게 되면, 내가 그녀를 우리의 방으로 안내할 때, 그림이 그녀를 즉각적으로 맞이할 수 있게 되리라.

두세 시간 지나 스케치는 완성되었다. 나는 거기에다 일종

---

46 원문 'Heidenhügel 이교도 언덕'은 선사시대의 무덤들을 뜻함.

의 인사로 지저귀는 작은 새 하나를 날게 했다. 그런 다음 우리가 서로 만나기로 했던 숲속 빈터를 찾아갔고, 그 옆, 잎이 촘촘한 너도밤나무 그늘 속에 쭉 뻗고 누워서, 시간이 빨리 지나가기만을 간절히 바랐다.

그럼에도 나는 깜박 잠이 든 것이 분명하였다. 왜냐하면 나는 멀리서 들려오는 음향에 잠이 깼고 그것이 장원에서 들려오는 정오의 종소리라고 깨닫게 되었다. 햇살은 이미 뜨겁게 내리쬐고 있고 숲속 빈터를 뒤덮고 있는 산딸기의 향기가 사방에 그득했다. 언젠가 카타리나와 내가 여기 숲속을 돌아다닐 때 달콤한 산딸기들을 '여행용 양식'[47]으로 따서 모았던 일이 기억났다. 그리고 이제 한 환상의 유희가 시작되었다. 한순간 나는 그녀의 천진한 소녀 얼굴을 관목 사이에서 보았던 것도 같고, 다른 순간엔 내가 마지막으로 보았던 바와 같이, 그지없이 행복한 여인의 눈으로 나를 바라보고, 그 다음 순간 그녀를 실제로 나의 두근거리는 가슴에 꼭 껴안을 수 있을 것처럼, 그녀가 내 앞에 서 있었다.

그때 갑자기 어떤 공포 같은 것이 나를 엄습했다. 그녀는 도대체 어디 있단 말인가? 종이 울린 지 벌써 오래 되었다. 나는 벌떡 일어나 주변을 돌아다녔고, 또 멈추어 섰다가는 나무들 사이 모든 방향으로 예리하게 염탐했다. 불안감이 나의 마

---

47 원문 'Wegzehrung'은 카톨릭 교회에서의 노자성체(路資聖體 viaticum)를 연상시킴.

음에 밀려들었다. 그러나 카타리나는 오지 않았다. 낙엽 위로
어떤 발자국도 바스락 소리를 내지 않았다. 단지 저 위 너도밤
나무 우듬지들에서만 이따금씩 여름 바람의 살랑거리는 소리
가 들려올 뿐이었다.

불길한 예감에 휩싸여 나는 결국 장소를 떠나 안마당으로
가는 에움길에 접어들었다. 대문에서 멀지 않은 지점에서 참
나무들 사이로 걸어가고 있었을 때, 나는 디터리히와 마주쳤
다. "요한네스 씨," 그가 말하며 급히 나를 향해 걸어왔다. "자
네는 지난밤에 벌써 한스 오트센의 선술집에 갔었군 그래. 그
의 젊은 애가 내게 자네의 말을 가져다주었어. ―자네와 우리
의 융커들 사이에 무슨 일이 있었나?"

"그대는 그것을 왜 내게 묻지, 디터리히?"

"요한네스 씨, 왜냐고?―나는 자네들 사이에서 일어날 불
상사를 예방하고 싶기 때문이네."

"그게 무슨 말인가, 디터리히?" 나는 재차 물었다. 하지만
그 말이 목에 걸린 듯이 가슴이 답답했다.

"자네는 그것을 몸소 직접 알게 될 거네, 요한네스 씨!" 노
인이 대꾸했다. "나는 그저 바람결에 그 소리를 들었을 뿐이
네. 한 시간 전쯤인가 싶네. 나는 정원에서 울타리들에서 잔가
지를 치는 젊은 애를 불러오고자 했어. 내가 우리 나이든 숙
녀의 방이 있는 탑 가까이 왔을 때, 나는 거기서 나이든 우어
젤 아주머니가 우리 융커 바로 옆에 함께 서 있는 것을 보았

네. 그는 팔짱을 끼고 한마디 말도 하지 않았네. 하지만 노부인은 장광설을 늘어놓고 있었고 그녀의 유별나게 음조가 높은 목소리로 호통을 치며 욕설을 퍼붓고 있었네. 그러면서 그녀는 한순간은 땅바닥 아래를 가리키다가는, 다음 순간엔 탑의 벽을 타고 위로 뻗어 있는 담쟁이를 가리키는 것이었네. ― 그 모든 것을 나는, 요한네스 씨, 나는 조금도 이해하지 못했네. 하지만 그 다음, 이 점을 주의 깊게 들어보게, 그녀는 그녀의 뼈만 남은 앙상한 손으로, 마치 위협을 하는 듯이, 융커의 눈앞에다가 무엇을 들이 갖다 대는 것이었네. 내가 자세히 보니, 그것은 털이 다듬어진 가늘고 작은 조각이었는데, 바로 자네 망토에 단 것과 같은 것이었어."

"더 얘기해 보게, 디터리히!" 내가 말했다. 왜냐하면 노인은 내가 팔에 걸치고 있던 나의 갈기갈기 찢어진 망토에서 눈을 떼지 않았기 때문이었다.

"더 말할 것이 별로 없네," 그가 대답했다. "요컨대 융커가 갑자기 나를 향해 몸을 돌리더니 자네를 어디서 찾아낼 수 있는지 내게 물었네. 내 말을 정말 믿어주게, 그가 실제로 늑대였다 해도, 그의 눈이 그보다 더 잔인하게 번득일 수는 없었을 것이네."

그때 나는 물었다. "그 융커가 집에 있는가, 디터리히?"

"집에 있느냐고? 그럴 것 같네. 그런데 요한네스 씨, 자네는 무슨 궁리를 하고 있는 겐가?"

"내 생각인데, 디터리히, 내가 곧 그와 얘기를 해보아야겠네."

그러나 디터리히는 내 두 손을 꼭 쥐고는, "가지 말게, 요한네스," 그가 탄원했다. "적어도 내게 무슨 일이 있었는지 말해주게. 이 노인은 정말 지금껏 자네에게 여러 가지 좋은 충고를 해왔다고 믿네."

"나중에, 디터리히, 나중에 하지!" 나는 대꾸했다. 그리고 그렇게 말하고는 나는 내 손을 그의 손에서 빼어냈다.

노인은 머리를 절레절레 흔들었다. "나중에 한다고, 요한네스," 그가 말했다. "그건 오로지 하느님만이 아시네!"

하지만 나는 이제 안마당을 지나 저택을 향해 걸어갔다. ―내가 저택 현관에서 하녀에게 물어보았을 때, 그녀는 융커가 방금 그의 방에 있다고 말했다.

나는 아래층에 있는 방을 전에 단 한 번 들어가 본 적이 있었다. 작고한 그의 부친 시절엔 온통 책들과 지도들로 채워져 있었는데, 이제 이 방 벽들에는 여러 종류의 무기들, 권총들, 총부리가 넓은 나팔총들, 또 온갖 사냥도구들이 사방 벽들에 즐비하게 걸려 있었다. 그밖에 장식이라고는 없어서, 제정신이 든 사람은 누구도 여기서 아주 오랫동안 머무를 수 없을 것임을 보여주고 있었다.

융커의 '들어와' 하는 말에 방문을 열었을 때, 나는 문턱에서 나자빠질 뻔했다. 왜냐하면 그가 창문에서 나를 향해 몸을 획 돌릴 때, 그가 기병용 권총의 톱니바퀴식 방아쇠를 손에 쥐고서 만지작거리는 것을 나는 보았기 때문이다. "좋아!" 그는 말을 길게 늘어트리며 말했다. "벌써 그의 유령이 나타난 것이 아니라면, 이건 진짜 요한네스 씨구먼!"

"융커 불프," 나는 그에게 다가서며 대꾸했다. "자네 방으로 직접 오는 길 이외에도 다른 길들이 내게 있을 거로 자네 분명히 생각했겠지."

"그렇게 생각했지, 요한네스 씨! 자넨 추측도 잘 하네! 그야 어떻든 자네가 안성맞춤으로 내게 온 것이네. 나는 자네를 수소문해서 찾고 있었거든!"

그의 목소리엔 덮치기 위해 숨어서 기다리는 어느 맹수와 같은 어떤 떨림이 깃들여 있어서, 내 손은 나도 모르게 내 칼 쪽으로 갔다. 그럼에도 나는 입을 뗐다. "내 말을 좀 듣고 내게 조용히 한마디 하도록 허락해 주게, 융커 씨!"

하지만 그는 내가 말하려는 것을 중단시키면서 말했다. "자네는 내가 말하는 것을 먼저 듣는 것이 좋을 듯싶네!"—그러더니 차음엔 느릿하던 그의 말이 점차로 울부짖는 고함소리처럼 되었다—"요 몇 시간 전 머리가 띵해 깨어났을 때, 내가 술이 취해 바보처럼 사나운 개들을 자네 뒤꿈치를 쫓도록 사주했던 일이 생각나서, 갑자기 후회했었네. 하지만 우어젤 아주머니가 개들이 너의 털 망토에서 물어뜯은 옷 조각을 내게 들이댄 순간부터—지옥 불에 대고 맹세하건대, 나는 그 빌

어먹을 개들이 나를 위해 그렇게 변변치 못하게 일을 끝내버린 것이 이제는 후회스럽네!"

나는 다시 한 번 말문을 열어 보려고 애썼다. 그리고 융커가 잠자코 있었기 때문에 나는 그가 내 얘기를 들어줄 것이라고 생각했다. "불프 융커," 내가 말했다. "내가 귀족이 아니라는 것은 정말 맞네. 그러나 내 기능 분야에서 나는 하찮은 사람은 아니고 또 한 번 더 도약을 하여 거장들과 어깨를 나란히 할 수 있게 되기를 희망하고 있네. 그래서 이 경우에 합당하게 자네에게 청하네, 자네의 누이 카타리나를 내게 나의 부인으로 허락해 주면—"

말이 내 목에 걸렸다. 그의 얼굴로부터 오래된 초상화의 눈들이 나를 노려보고 있었다. 날카로운 웃음이 나의 귀청을 때렸고, 탕 하는 총 한 방…… 그 다음 나는 폭삭 쓰러졌고, 내가 본능적으로 거의 뺀 칼은 쟁그랑거리며 손에서 바닥으로 떨어졌다.

그 후 몇 주 지나서 나는 벌써 많이 엷어진 햇살을 받으며 마을의 마지막 집 앞에 있는 작은 벤치에 앉아 있었다. 멍한 눈으로 나는 맞은편에 있는 숲을 바라보고 있었는데, 숲 끝은 장원 저택까지 펼쳐져 있었다. 나의 어리석은 눈은 자꾸 되풀이해서 이미 가을빛이 완연하여 노란 우듬지가 보이는 카타리나의 작은 방의 위치를, 상상한 대로, 찾고 있었다. 나는 카타리나 자신으로부터 어떤 소식도 듣지 못했기 때문이었다.

사람들은 나를 부상당한 그대로 융커의 산림 관리인이 살고 있던 이 집으로 데려다놓았다. 그리고 이 사람과 그의 아내, 또 내가 모르는 외과의사 외에는 어느 누구도 오랜 침상 기간 중 나를 찾아오지 않았다. 내가 어디서 또 어떻게 가슴에 총탄을 맞게 되었는지 한 사람도 나에게 물어보지 않았고, 나는 누구에게도 정보를 주지 않았다. 게르하르두스 어르신의 아들이고 카타리나의 오빠인 그를 공작(公爵)의 재판소에 고소한다는 생각을 나는 결코 내 머릿속에 담을 수가 없었다. 그는 그 점에 대해 아마도 확신할 수 있었을 거다. 하지만 그가 모든 법원에 콧방귀를 뀌었다는 것이 보다 믿을 만하다.

단지 한 번 선량한 디터리히가 거기에 왔었다. 그는 내게 융커의 지시로 카타리나의 초상화에 대한 대가로 두 꾸러미의 헝가리 금화를 가져왔다. 나는 돈을 받았는데, 이유즉슨 그것이 그녀가 받을 유산의 일부라고 생각했기 때문이었다. 또 그녀가 후일 나의 아내로서 어차피 많은 유산을 받지 못할 것이기 때문이기도 했다. 디터리히와 친밀한 대화를 할 수 있기를 바랐지만, 그것은 가능하지가 않았다. 누런 여우 얼굴을 한 내 주인집 남자가 매 순간 내 방을 염탐하고 있었기 때문이다. 그럼에도 내가 그에게서 얻은 정보는 융커가 킬로 여행을 가지 않았고 누구도 그 이래로 카타리나를 안마당에서도 또 정원에서도 보지를 못했다는 것이었다. 나는 노인에게 가능하다면 나의 인사를 숙녀에게 전하고 그리고 내가 곧 홀란드로 여행하고자 하며 또 더 일찍 되돌아올 것이라고 말해줄 것을 청했는데, 그는 모든 것을 충성스럽게 이행하겠다고 약속했다.

하지만 그러고 나서 엄청난 조급증이 나를 덮쳤다. 그리하여 나는 외과의사의 강한 반대의견에도 불구하고 또 저기 맞은편 숲속에서 마지막 잎사귀들이 나무들에서 채 떨어지기도 전에 나의 여행을 실천에 옮겼다. 또한 오래 걸리지 않아 무사히 홀란드 수도에 도착했고, 거기서는 나의 친구들로부터 아주 다정한 영접을 받았다. 그리고 더 나아가서 내가 거기 두고 갔던 그림 두 점이 나의 고귀한 스승 화가 반 데어 헬스트의 주선으로 상당히 높은 가격에 팔렸다는 사실은 좋은 징조로 여길 만 하였다. 정말이지, 그것이 다가 아니었다. 내게 벌써 이전부터 호의적이었던 어느 상인 어른이 내게 메시지를 전달해왔는데, 내용인 즉 헤이그(Haag)로 시집간 그의 어린 딸을 위해 내가 초상화를 그려주었으면 해서 나만을 기다려왔다는 것이었다. 그리고는 또한 곧바로 그것에 대해 풍부한 보상이 약속되었다. 내가 그때 금방 깨달았던 것은, 다른 자금은 차치하고라도, 그 작업이 완료되기만 하면, 내 수중에 충분한 은화를 확보해서 카타리나를 설비가 잘 된 집으로 인도할 수 있으리라는 것이었다.

나의 친절한 후원자도 같은 의견이었으므로, 나는 열성을 다해 작업에 임했고, 그 결과 나는 곧 나의 출발 일자가 점점 더 가까이 다가옴을 그지없이 즐겁게 느꼈고, 내가 귀향 시 맞닥뜨릴 고약한 상황에 대해선 신경 쓰지 않았다.

그러나 인간의 눈은 그의 앞에 놓여있는 어둠을 보지 못한다. 이제 그림이 완성되고 그로 인해 푸짐한 찬사와 은화가 내 몫이 되었을 때, 나는 떠날 수가 없었다. 나는 작업에 몰두하느라 나의 허약함을 배려하지 않았고, 제대로 아물지 않은 상처는 나를 다시 병상에 눕혔다. 이제 크리스마스 축제에 맞추어 거리의 광장 곳곳에 와플 노점들이 문을 열었는데, 바로 이때 나의 병고(病苦)가 시작되었고 그 첫 경우보다 더 오래 나를 병상에 묶어두었다. 정말이지 최고의 의술과 그지없이 친절한 친구들의 간호에는 부족함이 없었지만, 나는 여러 불안에 휩싸여 하루하루가 속절없이 지나가는 것을 보고만 있었고, 어떤 소식도 그녀에게 가거나 또는 그녀로부터 올 수도 없었다.

한참 기다려 마침내 혹독한 겨울이 지나가고 조이데르 해가 다시금 초록빛 물결을 치고 있을 때, 친구들은 나를 항구로 배웅하였다. 그러나 즐거운 기분대신 나는 이제 매우 무거운 마음으로 배에 올랐다. 하지만 해상여행은 재빨리 잘 진행되었다.

함부르크로부터 나는 '왕립 역체마차'를 타고 여행하였다. 그다음 일 년 전과 같이, 나뭇가지들에서는 아직은 첫 번째 싹들이 초록빛으로 움트고 있지도 않은 숲속을 지나, 도보로 여행하였다. 물론 방울새들과 멧새들은 벌써 그들의 봄노래를 시험해보고 있었지만, 그것이 오늘 나에게 무슨 상관이란 말인가! 하지만 나는 게르하르두스 어르신의 장원을 향해 가지 않고, 가슴은 무척 두근거렸지만, 그냥 옆길로 빠져 숲 가장자리를 따라 마을로 걸어갔다. 거기서 나는 곧 한스 오트센의 선술집에 들어가서는 바로 그 사람과 마주했다.

노인은 나를 야릇하게 바라보았지만, 내가 상당히 태평해 보인다고 했다. "다만," 그가 보태 말했다, "자네는 다시는 엽총들을 가지고 장난하지 말아야 하네. 그것들은 화필들보다 더 고약한 얼룩점들을 남긴단 말이네."

나는 그냥 그가, 내가 짐작컨대, 이곳에 파다하게 퍼져 있는 그런 의견을 갖고 있도록 내버려 두고, 우선 궁금한 대로 늙은 디터리히에 대해 물었다.

나는 그때, 겨울의 첫눈이 내리기 전 그런 튼튼한 사람들에게 흔히 일어나듯, 그가 평온하지만 갑작스러운 죽음을 맞이했다는 것을 들어 알게 되었다. "그는 기뻐했지," 한스 오트센이 말했다, "그가 저 천상에 있는 그의 옛 어르신네에게 간다고 말이야. 또 그렇게 되는 것이 그를 위해서도 더 낫지."

"아멘!" 내가 말했다. "충심으로 사랑하는 노인 디터리히!"

하지만 나의 마음이 점점 조마조마해지며 오직 카타리나에 관한 정보만을 얻기를 갈망하고 있는 동안, 나의 겁먹은 혀는 에움길을 택하여 나는 마음조리며 말했다. "도대체 당신의 이웃인 폰데어 리쉬는 어떻게 지냅니까?"

"하하," 그 노인은 웃었다. "그는 부인을 얻었는데, 그를 벌써부터 지배하게 될 여인이라네."

단지 나는 첫 순간에만 놀랐다. 왜냐하면 나는 그가 카타리나에 관해 그런 식으로는 말하지 않을 것이라고 곧 깨달았기 때문이었다. 그리고 그가 다음 이름을 댔을 때, 그것은 인근 지역 출신인 제법 나이 들고 돈 많은 귀족 숙녀였다. 그래서 용기를 잃지 않고 저 건너 게르하르두스 어르신 집의 사정은 어떠하고 숙녀와 융커는 서로 잘 지내고 있는지 계속 물었다.

그때 노인은 다시금 나에게 이상야릇한 눈길을 던졌다. 그가 말했다. "오래된 탑들과 담장들은 역시 지껄이지 못할 거라고 자네가 아마 믿고 있는 모양이지?"

"그 말의 뜻이 무엇인가?" 나는 소리쳤다. 하지만 그것은 무거운 돌처럼 나의 가슴을 짓눌렀다.

"자, 요한네스 씨," 그렇게 말하면서 그는 자신만만하게 내 눈을 똑바로 바라보았다. "그 숙녀가 어디로 갔는지는 누구보다도 자네가 가장 잘 알고 있을 텐데 말이네! 또 자네가 그때 가을철에 여기에 왔었던 것이 마지막도 아니었겠지. 자네가 다시 여기를 찾아온다는 것이 이해가 안 되네. 그도 그럴 것이 불프 융커가, 내 생각으로는, 그런 고약한 장난에 그저 좋은 낯으로만 대할 수는 없을 것이라네."

나는, 마치 정신이 나간 듯이, 노인을 바라보았다. 하지만 다음 순간 갑자기 내게 한 묘한 생각이 떠올랐다. "이런 한심한 사람 봤나!" 나는 소리쳤다. "자네는 정말 카타리나 숙녀와 내가 동거생활을 한다고 믿고 있는 거지?"

"자, 나를 제발 그냥 놔둬요!" 노인이 대꾸했다, 나는 그의 두 어깨를 붙잡고 그를 흔들었기 때문이었다. "그것이 나하고 무슨 상관이 있소! 풍문이 그렇다는 거지! 그건 그렇다 치고. 새해가 시작된 이래 숙녀는 장원에서 더 이상 보이지 않았소."

나는 그 기간 동안 홀란드에서 병상에 누워있고. 그 모든 것에 대해 하나도 모른다고 그에게 맹세했다.

그가 그것을 믿었는지 나는 알 수 없다. 하지만 그는 내게 정보를 주기를 당시 어떤 미지의 성직자가 야간에 장원에 왔었다고 했다. 물론 우어젤 아주머니가 하인배들을 아주 일찍 감치 그들의 방에 들어가 있도록 했다는 것이었다. 그러나 하녀들 중 하나가 문틈으로 엿듣고 있다가, 내가 안마당을 지나 층계를 향해 걸어가고 있는 것을 보았다는 것이다. 그런 다음 좀 있다가 마차가 관문을 빠져나가는 소리를 들었고, 그날 밤 이래로 장원에서는 오직 우어젤 아주머니와 융커만이 보였다고 한다.

내가 그때부터 카타리나를 또는 그녀의 발지취만이라도

찾아내려는 나의 온갖 노력—그것이 다 헛수고로 끝나버렸지만—을 여기에 기록하지는 않으련다. 마을에는 어리석은 지껄임만이 파다했는데, 그중 한 가닥을 한스 오트센이 나로 하여금 맛보게 했던 것이다. 그래서 나는 게르하르두스 어르신의 누이를 만나보기 위해 수녀원을 향해 여행길에 올랐다. 그러나 숙녀는 나를 면접하기를 원치 않았다. 그밖에도 내가 거기서 또한 주워들은 바로는 어떤 젊은 여성도 그녀와 함께 있지 않다는 것이었다. 그리하여 나는 다시 귀로에 올랐고, 생각다 못해 내 자존심을 꺾고 폰 데어 리쉬 저택으로 가서 이제 한 청원자로 나의 오랜 적수 앞으로 나아갔다. 그는 비웃는 조로 말하기를 아마도 도깨비가 작은 새를 데려갔을 것이라는 거였다. 또 그는 그런 것을 눈여겨보려고 하지도 않았고, 또한 게르하르두스 어르신 장원 사람들하고는 이제는 더 왕래가 없다는 것이었다.

내가 수소문을 하고 다니는 것에 관해 사람들로부터 전해 들은 불프 융커는 한스 오트센의 선술집에 말을 퍼트렸는데, 내가 또한 감히 그에게 근접하려 한다면, 그는 개들을 선동해 나를 다시 한 번 물어뜯게 할 것이라는 것이었다. 그래서 나는 숲속으로 들어가서 한 노상강도처럼 길가에서 그를 매복하였다. 칼들을 칼집에서 뽑고, 우리는 칼싸움을 했는데, 그 결과 나는 그의 손에 부상을 입혔고 그의 칼은 덤불속으로 날아가 버렸다. 그러나 그는 오직 사악한 눈으로만 나를 바라보았다.

그는 말하지 않았다.

결국 나는 좀 오래 머무를 작정을 하고 함부르크로 왔고, 그곳을 기점으로 하여 주저함 없이 보다 신중하게 나의 탐문을 지속할 생각이었다.

그럼에도 모든 것은 허사로 끝나버렸다.

그러나 나는 당분간 이 펜을 내려놓고자 한다. 왜냐하면 너의 편지가 내 앞에 놓여 있기 때문이다, 나의 사랑하는 요지아스(Josias)야. 나의 작고한 누이의 손녀인 네 어린 딸의 대부 역할을 해야지. 나는 나의 마차여행에서 게르하르두스 어르신 장원 뒤에 위치한 숲 옆을 지나가게 될 것이다. 그러나 모든 것은 이제 과거지사다.

* * *

여기서 원고의 첫 권이 끝난다. 우리는 희망컨대 필자는 즐거운 세례식을 축하했고 또 그의 친구들에 둘러싸여 그의 마음은 한결 싱그러워졌을 것이다.

나의 시선은 나의 맞은편에 있는 오래된 초상화에 머물러 있었다. 아름답고 진지한 모습의 남자가 게르하르두스 어르신이라는 것에 더 이상 의심할 바가 없었다. 그러나 요한네스 대가가 여기 그처럼 온화하게 그분의 팔에 안겨놓은 저 죽은 소년은 누구였던가? 곰곰이 생각하며 둘째권이자 원고의 마지막 부분을 집어 들었는데, 글씨체가 조금 불안정해 보였다. 그것은 다음과 같이 쓰였다.

* * *

연기와 먼지가 스러져버리 듯
모든 인간의 자식 또한 그렇게 스러져간다.

이 말이 새겨져 있는 석판은 오래된 가옥의 문 테두리 위에 놓여 있었다. 내가 그 옆으로 지나갈 때마다 나는 언제나 나의 눈을 그쪽으로 돌려야 했고, 나의 고적한 산책길들 위에서 표어 자체가 아주 오랜 기간에 걸쳐 자주 나의 동반자가 되기도 했다. 그들이 지난 가을에 오래된 집을 허물었을 때, 나는 폐허에서 석판을 구해냈고, 그것은 오늘날 내 집 문 위 벽에 아주 흡사하게 박히어 있다. 그것은 거기서 내가 세상을 떠난 후에도 그곳을 지나는 많은 사람들에게 지상적인 것의 덧없음을 상기시켜 줄 수 있으리라. 하지만 표어는 나에게, 내 시계의 바늘이 멈추어서기 전에, 내 삶의 수기를 계속 써 나가라는 경고도 될 것이리라. 그도 그럴 것이 나의 사랑하는 누이의 아들인 네가 이제 얼마 안 있어 나의 상속자가 되어, 내 적은 지상의 재물과 더불어 내 지상생활의 고뇌를 가져가리라,

내가 생존 시에 누구에게도, 아니, 그래도 나의 모든 사랑인 너에게도 털어놓고 싶지 않았던 고뇌 말이다.

그러니까 1666년에 나는 처음으로 북해 연안의 이 도시에 왔다. 내가 부유한 브랜디 생산자 미망인으로부터 '라자로의 부활'을 그려달라는 주문을 받았는데, 그것은 작고한 남편을 기리는 의당하고 다정한 추념의 의미를 지니면서도 그것을 이곳 교회의 장식물로 증정하고자 했던 것이다. 거기에는 정말 오늘 날에도 그것은 네 사도들과 함께 세례반(洗禮盤) 위에 걸려 있는 것을 볼 수 있다. 그것에 첨가해서 현 시장이며 전에는 함부르크에서 수도(修道) 참사회 회원이었고, 내가 함부르크에서 알게 된, 티투스 악센(Titus Axen) 씨가 그의 초상화를 내가 그려주기를 바래서, 나는 여기서 상당 기간 동안 할 일이 많이 있었다. 하지만 나의 숙식은 나의 유일한 형님 댁에서 해결했는데 그는 오래전부터 도시의 서기장 직을 맡고 있었다. 그가 독신자로서 살고 있었던 집은 높고 넓었다. 나의 사랑하는 형님이 돌아가심에 내가 유산으로 물려받은 바로 그 집인데, 장터 광장과 크래머쉬트라세(Krämerstraße)가 만나는 구석에 보리수나무 두 그루가 위치하고 있는 집에서 나는 아직 노인으로 살고 있고 먼저 가신 사랑하는 이들과 재회하기만을 겸손하게 기다리고 있는 것이다.

나는 돈 많은 과부의 널찍한 손님 접대실을 나의 작업실로 꾸며놓도록 했다. 거기에는 작업하기에 좋은 천창 빛이 있었고 내가 필요하면 가질 수 있는 모든 것이 나를 위해 제공되었다. 단지 그 착한 부인은 거기에 너무 자주 와서 참관하였다. 왜냐하면 그녀는 시도 때도 없이 바깥 술 판매대에서 양철 큰 술잔들을 손에 들고 나에게로 타박타박 걸어 들어오곤 했다. 그녀의 뚱뚱한 몸으로 나를 나의 팔 받침[48] 쪽으로 밀어제치며 무엇을 염탐하려는 듯이 내 그림 쪽으로 천천히 조심스럽게 나갔다. 정말이지 어느 날 오전에, 내가 나사로의 머리 쪽에 막 밑칠을 하고 났을 때, 그녀는 온갖 말을 쏟아내며 부활한 사람은 그녀의 작고한 남편의 얼굴 모습을 보여주어야 한다고 요구했다. 딱한 일은 내가 고인을 살아생전에 단 한 번도 본적이 없었고, 또 내 형으로부터 들은 바로는, 술 양조자들이 대개 그렇듯이, 직업상 특징으로 그 사람 또한 얼굴에 청적색의 코를 흔들고 다녔다는 것이었다. 나는, 그때, 사람들이 쉽게 상상할 수 있듯이, 이 불합리한 여자를 잘 다스려야만 했다. 그러한 때 바깥 회랑으로부터 새로 온 손님들이 그녀를 찾으며 그들의 큰 술잔들로 긴 판매대를 두들겨 대서, 드디어 그녀가 나로부터 물러나야 할 때, 화필을 쥐고 있는 내 손이 무릎 위로 내려왔다. 그리고 나는 갑자기 그날을, 내가 전혀 다른 고인의 용모를 화필로 스케치했던 그날 그때를, 또 그때 작은 예배당에서 그처럼 조용히 내 곁에 있어 주었던 한 인물을

---

48   원어 'Malstock'는 화가의 손을 받치는 팔 받침.

회상하였다. 그리고 그렇게 시간을 거슬러 올라가며 나는 그림 그리기를 다시 시작했다. 하지만 화필이 얼마 동안 왔다 갔다 하고 났을 때, 나는 스스로 매우 놀랍게도 내가 고귀한 게르하르두스 어르신의 얼굴 모습을 나사로의 얼굴에 입혔다는 사실을 깨달았다. 죽은 자의 얼굴은 아마포 수의에서 마치 말없이 나를 고소하는 듯한 눈초리를 보내왔다. 그리고 내가 생각하길, 그렇게 그는 언젠가 저 영원 속에서 너를 환영하기 위해 걸어올 것이다!

나는 그날 더 이상 그림을 그릴 수가 없어서, 화실을 떠나 대문 위에 있는 내 방으로 살짝 들어갔다. 다음엔 나의 창문가에 앉아 보리수나무들의 틈새로 장터 광장을 내다보았다. 하지만 거기에는 많은 사람들이 운집해 있었다. 일대는 저기 시립 화물 계량소까지 또 더 나아가 교회가 있는 데까지 온통 마차들과 사람들로 붐볐다. 그도 그럴 것이 그날은 목요일이었고 때는 외곽에서 온 사람들이 서로서로 물건을 사고 팔 수 있는 시간대였기 때문이었다. 따라서 시청 하급관리는 시장 감시인과 함께 우리 이웃집 계단에 한가롭게 앉아 있었는데, 그건 주위에 낚아챌 범법행위들이 없었기 때문이었다. 붉은 재킷을 입은 오스텐펠트(Ostenfeld) 아낙네들, 머릿수건을 쓰고 고운 은 장신구를 단 섬 색시들, 그 사이로 짐을 잔뜩 실은 곡식마차들과 누런 가죽바지를 입은 농부들이 그 위에 앉아 있는 모습—이 모든 것은 화가의 눈에 딱 들어오는 그림의 소재

(素材)를 부여했을 법했다. 특히 그 사람이 나처럼 홀란드 대가들에게서 연수를 받았다면 말이다. 하지만 내 마음이 무거웠던 터라 다채로운 광경도 내게는 서글프게 느껴졌다. 그러나 그것은 내가 조금 전에 내 마음속에서 느꼈던 회한(悔恨)은 아니었다. 어떤 동경에 찬 슬픔이 점점 더 강력하게 나를 엄습하였다. 그것은 나를 사나운 발톱으로 갈기갈기 찢었고 그럼에도 불구하고 나를 사랑스런 눈초리로 바라보았다. 저 밑 북적이는 시장 위에는 한낮이 빛나고 있었다. 하지만 나의 눈앞에서는 은빛 달밤이 으슴푸레 비치고 있었고, 두세 개의 뾰족한 박공지붕들이 그림자처럼 떠올랐고, 한 창문이 덜컹거렸고, 꿈나라에서 오는 듯 저 멀리서 나이팅게일들이 부드럽게 지저귀고 있었다. 오, 그대 나의 구원자이신 하느님, 은총 그 자체인 그대여, 그녀는 이 시간에 어디 있나요, 나의 영혼은 어디서 그녀를 찾아야 했나요?

그때 바깥 창문 밑에서 어느 거친 목소리로 내 이름을 부르는 소리가 들려서 내다보니 설교자의 평상시 복장을 하고, 키가 크고 야윈 남자를 목격했다. 검은 머리카락과 콧등 위의 깊은 주름살을 지닌 위압적이고 암울한 용모는 차라리 군인 신분에 더 어울렸다. 그는 다른 한 사람, 즉 농부 차림의 땅딸막하고 또 그와 마찬가지로 검은 털양말과 쇠붙이 달린 구두를 신은 인물에게, 그의 지팡이로 우리 집 대문을 가리키고 있다가 자신은 정작 그곳을 떠나, 장터의 북적이는 인파 속으로 들어가 버렸다.

그러고 나서 거의 곧바로 문의 초인종이 울리는 소리가 들려, 나는 아래층으로 내려가 낯선 사람을 거실로 안내했고, 그는 내가 권해 앉은 의자에서 나를 아주 찬찬히 주의 깊게 관찰하였다.

그렇게 해서 그가 도시 북쪽에 위치한 어느 마을의 교회 관리인이라는 것이 밝혀졌고, 또 내가 곧 알게 된 것은 사람들이 교회에 담임 목사의 초상화를 기증하기를 원하고 있어 그 일을 수행할 화가를 찾고 있다는 것이었다. 나는 그들이 그런 식으로 그에게 영예를 부여해야 한다고 생각할 정도로 목사가 교구를 위해 무슨 봉사를 했는지에 관해 조금 문의하였다. 그의 나이를 고려해본다면 그는 그리 오랜 기간 직분을 담당할 수 없었을 것이기 때문이었다. 하지만 관리인이 말하기를 목사가 한 번은 물론 한 떼기 경작지로 인해 교구를 상대로 소송을 제기한 적도 있었으나, 그밖에는 무슨 일이 있었는지 그는 알지 못한다는 것이었다. 하지만 세 선임 목회자들의 초상화들이 이미 걸려 있는 환경에서, 그들은 내가 그런 작업을 아주 잘 할 수 있다는 정보를 입수하였기에—그가 이 말은 꼭 해야 해서—이제 이참에 네 번째 목사 초상화도 거기에 추가해야 하는 그런 좋은 기회가 생겼는데, 그분 자신은 물론 이 일에 어떤 별다른 욕구를 느끼고 있지는 않다는 것이었다.

나는 그 모든 것을 귀담아 들었다. 그리고 내가 그 '나사로' 작업에서 정말 얼마 동안 휴식을 취하고 싶었고 또한 티투스 아크센 씨의 초상화는 본인에게 들이닥친 병고로 인해 시작할 수 없게 되어버렸기에 나는 계약에 관해 좀 더 상세하게 알아보기 시작했다.

지금 나에게 그런 작업에 대한 보수로 제시된 것은 참으로 소액이었기에, 나는 대번 다음을 생각했다. 그들은 너를 서푼짜리 화가로 취급하는 거야, 전쟁 중에 병참부대를 함께 따라다니며 고향에 두고 온 애인들에게 보낼 군인들의 초상화를 그리는 따위 말이지. 그러나 내게 갑자기 싱그럽게 생각된 것은, 내가 일정 기간 동안 아침마다 황금빛 아침햇살을 받으며 히스가 무성한 황야를 지나 우리 도시에서 한 시간쯤 떨어진 마을을 향해 도보한다는 것이었다. 그래서 나는 여기 형의 집에서는 적당한 여건이 갖추어져 있지 않았기 때문에, 나는 그림 그리기가 마을에서 진행되어야 한다는 조건하에 수락하였다.

관리인은 그것에 만족한 듯이 보였고, 모든 것을 벌써 이전에 고려하였다고 말했다. 또 목사 자신도 그와 같이 주장했다는 것이었다. 게다가 그런 목적으로 커다란 관리인 가옥에 있는 교실이 선정되었고, 가옥 자체는 마을에서 둘째 집이고, 목사관과도 아주 가까이 있어, 말하자면 뒤쪽으로 목사관 부속 목초지만을 사이에 두고 있어, 목사도 손쉽게 그리로 걸어 넘어올 수 있다는 것이었다. 그렇게 되면 여름엔 어차피 수업이 없기에 아이들도 집으로 돌려보내지게 될 것이라는 거였다.

그렇게 해서 우리는 서로 악수를 나누고, 또한 관리인이 그림의 치수를 가져와서, 오후 중으로 내가 필요로 한 모든 그림 도구가 목사관 마차로 그리로 운송될 수 있었다.

나의 형은 그 다음, 그것도 오후 늦게 되어서야 겨우 집에 돌아왔을 때, —그 이유즉슨 그 당시 건실한 사람들이 어느 폐마(廢馬) 도살자의 시체를 무덤으로 옮겨가기를 거부하는 사태가 벌어져 고문(顧問) 회의가 열렸는데 그로 인해 상당한 곤경을 치렀다는 것이었고, —그는 내가 위촉받은 것에 대해 그의 의견을 피력했다. 즉 내가 보통 사제복 칼라 위에서는 보기 힘든 머리를 그리게 되었다면서, 검은색과 또 갈색 홍색의 물감을 잘 준비해 가라는 것이었다. 또한 내게 말해주기를 그 사제가 종군 목사로 브란덴부르크 군대와 더불어 이 고장에 왔었는데, 장교들보다도 더 사납게 군인들을 다루었다는 것이다. 그 밖에도 그는 이제 주님의 아주 완고한 신봉자로 그가 대하는 농부들을 아주 능숙하게 휘어잡을 줄 안다는 것이었다. —나의 형은 더 나아가서 그의 소견을 피력하기를 그 사람이 우리 지역에서 사제직을 위임받았을 때 귀족층의 후원이 작용했고, 들리는 말로는, 저쪽 홀슈타인 지방 인사들의 도움이 있었다는 것이다. 또 수도원 회계 감사 때 그 말을 부감독이 흘렸다고도 했다. 하지만 나의 형은 그것에 관해 그 이상의 것은 듣지 못했었다.

그리하여 다음 날 이른 아침에 나는 햇살 가득한 히스 황무지 위를 활기차게 걸어갔다. 단지 아쉬웠던 것은 히스 황야가 이미 붉은 의복과 향기를 벗어버리고 있어서 이 풍경이 풍요로운 여름치장을 다 잃어버렸다는 것이다. 그도 그럴 것이 초록색 나무들이라곤 저 멀리까지 조금도 눈에 띄지 않았기 때문이었다. 내가 부지런히 향해가고 있던 마을의 뾰족한 교회 탑만이 내 앞에서 검푸른 시월 하늘 속으로 이전보다 높게 치솟아 올랐다. 나는 탑이 온통 화강암 반석들로 지어진 것을 이미 알아차릴 수 있었다. 밑쪽에 자리 잡고 있는 검은 밀짚 지붕들 사이로 오직 낮게 자란 관목들과 나무들이 웅크리고 있었다. 그도 그럴 것이 바다에서 이리로 세차게 불어오는 북서풍은 자유롭게 진로를 확보하려 하기 때문이다.

내가 마을에 도착하여 곧 관리인 가옥으로 찾아 갔을 때, 학교 전체가 즉각적으로 명랑한 고함을 지르며 나를 향해 뛰쳐나왔다. 하지만 관리인은 대문에서 나를 환영하였다. "잘 보셨겠죠, 저 녀석들이 얼마나 옳다구나 싶어서 초급 책을 던지고 나가느냐 말이오!" 그가 말했다. "한 녀석은 자네가 오는 것을 벌써 창문을 통해 보았거든."

그러고 나서 곧 가옥으로 들어온 설교자를 보고서, 내가 이전에 보았던 사람과 같은 사람임을 알아차렸다. 그러나 그의 어두운 모습에 오늘은 어떤 불빛 같은 것이, 그가 한 팔에 올려놓고 온 아름다운 창백한 소년이 얹혀 있었다. 아이는 네 살쯤 되었을까 싶었고 남자의 장대한 골격에 비해 아주 작아 보였다.

　내가 이전 설교자들의 초상화들을 보기를 원했으므로, 우리는 함께 교회로 올라갔는데, 높은 위치로 인해 거기서 사람들은 여러 방향으로 늪지와 황무지를 바라볼 수 있었지만, 서쪽 방향으로는 거기서 그리 멀지 않은 해변을 굽어볼 수 있었다. 지금은 만조임이 틀림없었다. 왜냐 하면 갯벌에 물이 차고 바다는 온통 은빛이었기 때문이다. 그때 내가 관찰한 바를 정리하면서, 얼마나 육지의 첨단과 건너편 섬의 첨단이 바닷물 위로 서로서로에게 손을 뻗치고 있는지를 언급하자, 관리인이 양단(兩端) 사이에 있는 수면을 가리켰다. "저기에" 그가 말했다. "옛날에 부모님의 집이 서 있었죠. 그러나 34년도 대홍수[49] 때 그것은 백여 개의 다른 집들과 함께 성난 물결에 휩쓸려 떠내려가 버렸는데, 지붕의 반쪽 위를 타고 나는 여기 해변으로 내던져졌고, 다른 반쪽 위에 있던 아버지와 형제는 영원 속으로 씻겨 들어갔지요."

　나는 생각했다, '그러니까 교회는 올바른 장소에 서 있는 거야. 심지어 목회자 없이, 여기서는 하느님의 말씀이 납득이 가게 전도(傳道)된다.'

49　역사상 1634년도의 대홍수.

그의 팔에 올려진 아이가 작은 두 팔로 그의 목을 감싸고 부드러운 뺨을 남자의 털투성이 검은 얼굴에 갖다 대고 있었는데, 그건 마치 아이가 그렇게 해서 거기 우리 눈앞에 펼쳐진, 겁나게 무변광대한 것에 보호를 찾고 있는 듯하였다.

우리가 교회의 본당 안으로 들어갔을 때, 나는 오래된 초상화들을 관찰하였는데, 그 가운데에는 더 나은 화필 작업을 받았으면 더 좋았을 그런 머리도 있었다. 그건 그렇다 해도 모든 것은 싸구려 그림이었다. 그렇다면 반 데어 헬스트의 제자는 어울리기 힘든 무리에 합류하는 셈이 되었다.

내가 그런 것을 허영심에 들떠 곰곰이 생각하고 있을 때, 내 옆에서 목사의 거친 목소리가 말했다. "신의 숨결이 티끌에서 떠났는데도, 그것의 미광(微光)이 지속되는 것은 나의 뜻이 아니네. 그러나 나는 교구민들의 소원을 거역하고 싶지 않네. 그러니, 장인 선생, 그것을 그저 짧게 끝내시게. 나는 내 시간을 더 나은 곳에 쓰고 싶네."

내가 암울한 사람에게, 그의 용모가 그래도 나의 예술에게 매력적인 데가 있어, 최선의 노력을 약속하고 나서, 나는 형이 그렇게 칭찬한 어느 목제 마리아 조각상에 대해 물었다.

어떤 경멸하는 것 같은 미소가 설교자의 얼굴에 번졌다. "자네는 너무 늦게 오셨네," 그가 말했다. "내가 그것을 교회 건물에서 제거하라고 했을 때, 그건 박살이 났네."

나는 거의 경악하여 그를 바라보았다. "그러니까 당신은 구세주의 어머니를 당신들의 교회에 그냥 놔둘 수가 없었단 말이요?"

"구세주의 어머니의 모습은," 그가 대꾸했다, "기록으로 전해 내려온 것이 없네."

"하지만 당신은 경건한 정신으로 그것을 찾으려는 예술의 시도를 시샘하고자 하는 건가요?"

그는 한동안 나를 암울하게 내려다보았다. 그도 그럴 것이, 내가 키 작은 사람들 축에 들지는 않았지만, 그는 나보다 머리 반은 더 컸기 때문이었다. 그러더니 그는 맹렬히 말문을 열었다. "왕이 저 홀란드의 교황주의자들[50]을 갈라 째진 섬에 소집하지 않았던가요, 단지 제방을 쌓는 인간 작업을 통해 지고한 하느님의 심판을 거역하기 위해서 말이요? 또 최근에 저기 도시의 교회 임원들이 성자 둘을 신도석에 조각하지 않아서요? 지켜보고 기도하시오! 왜냐하면 여기서도 사탄이 집집마다 돌아다니고 있기 때문이요! 마리아 상(像)들은 관능적 욕구와 교황주의의 유모 역할 외에 아무것도 아니요. 예술은 언제나 이 세상의 창녀 역할을 해왔던 거요!"

어떤 검은 불길이 그의 눈에서 이글거리고 있으나, 그의 손은 그의 무릎에 찰싹 달라붙어 있는 창백한 소년의 머리를 쓰다듬고 있었다.

---

50 덴마크의 왕 크리스티안 4세(Christian Ⅳ)는 1652년 제방 건축의 능력이 있는 가톨릭 홀란드 인들을 소집하였음.

그것 때문에 나는 목사의 말에 대답하기를 잊었다. 하지만 나는 우리가 관리인 가옥으로 되돌아가는 것을 상기시켰고, 그곳에서, 예술을 적대시하는 사람에게서 나의 고귀한 예술을 시범하기 시작했다.

그렇게 해서 나는 거의 매일 아침 히스 황무지를 지나 마을로 가는 도보여행을 했고, 거기에 가면 벌써부터 나를 기다리는 목사와 마주쳤다. 우리 사이에는 별 말이 오고가지 않았다. 그래서 그림은 그만치 더 빠른 진전을 이루었다. 관리인은 보통 우리 옆에 앉아서 참나무로 온갖 기재(器材)들을 산뜻하게 조각했는데, 그런 작업은 이 일대에서 광범위하게 추구되는 가내 수공업이었다. 나는 그가 당시에 작업 중이던 작은 장을 그에게서 구입하여 지금 아직도 소유하고 있고, 그 안에는 이 원고의 첫 페이지들이 수년 전부터 보관되어 있고, 또 하늘의 뜻이라면, 이 마지막 페이지들도 그 안에 보관될 수 있을 것이다.

나는 목사의 집 안으로 초대받지 않았고 또 나 자신도 그 집에 들어가지 않았다. 하지만 소년은 언제나 그와 함께 관리인 가옥에 와 있었다. 그는 무릎을 꿇고 서 있거나 방의 구석에서 조약돌들을 가지고 놀았다. 내가 언젠가 그에게 직접 그의 이름이 무어냐고 물었을 때, 아이가 대답했다. "요한네스!" ―"요한네스라고?" 나는 대꾸했다, "정말 내 이름도 그런데!"

그는 눈을 크게 뜨고 나를 바라보았지만 더 이상 아무 말도 하지 않았다.

무엇 때문에 이 눈은 그처럼 나의 영혼에 와 닿았을까? 언젠가 한 번은, 내가 화필을 한가롭게 화폭에 내려놓고 있을 때, 목사의 암울한 눈초리가 나를 소스라치게 놀라게 하였다. 아이의 짧은 삶에서는 나올 수 없는 무언가가 이 아이의 얼굴에는 있었다. 그것은 어떤 기쁜 모습이 아니었다. 슬픔 가득한 마음으로 자라난 아이는 그렇게 보이는 거지 하고 나는 생각했다. 나는 가끔 그를 향해 팔을 벌리고 싶었다. 하지만 나는 아이를 보물처럼 보호하는 듯이 보이는 침울한 사람 앞에서 움츠러들었다. 나는 자주 혼자서 생각도 해보았다. "이 아이의 어머니는 대체 어떤 여자일까?"

나는 언젠가 한 번 관리인의 나이 든 하녀에게 목사의 부인에 대해 물어보았다. 하지만 그녀는 내게 아주 간단한 정보만 주었다. "아무도 그녀를 몰라요. 어린아이 세례 축하연이나 결혼식이 있을 때를 제외하고 그녀는 농가(農家)들에 별로 얼굴을 내밀지 않으니까요." 목사 자신은 그녀에 관해 말하지 않았다. 나는 언젠가 빽빽한 라일락 덤불이 끝을 이루고 있는 관리인집 정원에서 그녀가 천천히 목사관 목초지를 지나 그녀의 집으로 걸어가는 것을 본 적이 있었다. 하지만 그녀의 등이 내 쪽을 향해 있었기 때문에, 나는 오직 그녀의 날씬하고 젊음이 넘치는 자태만을 감지했고, 그밖에는, 보통 귀족집안

여성들에게서만 애용되는 스타일인 두어 가닥의 곱슬머리 다발이 그녀의 관자놀이에서 나부끼는 것을 보았다. 암울한 그녀의 남편의 용모가 내 마음 깊숙한 곳에서 떠올랐고, 이 부부는 서로 잘 어울리지 않는다는 생각이 들었다.

내가 바깥으로 외출 나가지 않는 날마다 나의 '나사로' 작업을 다시 수행했다. 그래서 얼마 시간이 지나자 이 두 그림들이 거의 동시에 완성되어 갔다.

그래서 어느 날 저녁 나는 일과를 마치고 나서 형과 함께 아래층 거실에 앉아 있었다. 난로 옆 식탁 위에 놓인 양초는 거의 다 타 내려갔고, 홀란드 산 괘종은 벌써 열한 시를 알렸다. 하지만 우리는 창가에 앉아 있으면서 현재를 잊고 있었다. 왜냐하면 우리는 우리 부모님 집에서 함께 살았던 짧았던 시간을 회상하고 있었기 때문이다. 또 첫 아이 분만 시 타계해서, 이제는 벌써 오래전부터 부모와의 즐거운 재결합을 고대하고 있던 우리의 유일한 막내 여동생을 회고했다. 우리는 창의 덧문들을 닫지 않았었다. 왜냐하면 저 바깥 도시의 지상 가옥들 위에 내려앉은 어둠을 뚫고 저 영원한 하늘의 별빛을 올려다보는 것은 우리에게 상쾌했기 때문이었다.

끝에 가서 우리 두 사람은 잠잠해졌고, 그리고 나의 생각들은 마치 어떤 어두운 조류에 올라탄 듯, 항상 안정과 불안을 찾는 그녀에게 실려 갔다. 그때 보이지 않는 천공에서 날아

온 한 별똥별처럼, 갑자기 내 마음을 치는 것이 있었다. 창백한 소년의 아름다운 눈은 정말이지 그녀의 눈이었던 것이다! 도대체 내 감각들은 어디에다 놓고 다녔단 말인가! 그런데 그렇다면, 그것이 그녀였다면, 내가 그녀를 벌써 친히 보았다면! 엄청나게 무서운 생각들이 내게 휘몰아쳤다!

그러는 동안 형은 한 손을 내 어깨에 얹어놓고, 다른 손으로는 바깥 어두운 장터를 가리키는데, 그런데 거기서부터 한 밝은 광채가 우리 쪽으로 흔들거리며 오고 있었다. "좀 봐라!" 그가 말했다. "우리가 길의 포석(鋪石)에 모래와 히스 풀들을 채워 넣은 것은 얼마나 잘한 일이냐! 저들은 종 주조(鑄造)인의 결혼식에서 오는 길이다. 그런데 그들이 들고 있는 제등(提燈)들을 보면 그들이 여기저기 걸려 넘어지는 것이 보인다."

내 형이 옳았다. 춤추는 등불들은 분명히 결혼식 축하연이 얼마나 멋졌는지를 증언하고 있었다. 그들이 우리에게 그처럼 가까이 와서, 최근에 형이 어느 유리공의 걸작이라며 구입했던 두 개의 색유리 창이 마지 불이 붙은 듯 풍부한 색채로 타올랐다. 하지만 그 다음 순간 군중이 우리 집 옆에서 큰 소리로 떠들다가 크레머슈트라쎄[51]로 구부러져 들어갈 때, 나는 그들 중 누가 말하는 소리를 들었다. "아이고 정말이지, 마귀가 우리 일을 다 망쳐놓았어! 내 평생 한번은 진짜 마녀가 화

---

51 원문 'Krämerstraße'는 고유명사지만 직역하면 '소매상(小賣商) 길'의 뜻이 있음.

염 속에서 그처럼 노래하는 것을 듣고자 초조하게 기다려왔는데 말이야!"

등불들과 흥겹게 떠드는 무리들은 그들의 길을 갔고, 바깥에 도시는 다시 조용해지고 어둠에 휩싸였다.

"아, 슬픈지고!" 형이 말했다. "내게 위로가 되는 것이 저 인간에게는 한(恨)이 되다니."

그 말을 듣고 나니 다음 날 도시가 끔직한 구경거리를 마련하고 있다는 것이 이제야 다시금 생각이 났다. 젊은 여자가, 마귀와 결탁을 했다고 고백했기에 재로 불태워 죽게 되어 있었는데, 정말 오늘 아침 간수에 의해 감방에서 죽은 채로 발견되었음에도 불구하고, 시신에 엄격한 법 집행이 이루어지도록 되어 있었다.

그것은 이제 많은 사람들에게 차갑게 식어버린 수프와 같았다. 내가 정오에 신문을 사러 들렀을 때, 교회 탑 밑에서 초록색 가판대를 운영하는 서적상 과부 리버니켈은 내게 아주 맹렬히 불평을 털어놓았는데, 내용인 즉 그녀가 진작부터 그것에 관해 가사를 작성하고 인쇄하게 한 노래가 이제는 거의 어울리지 않아 쓸모없게 되었다는 것이었다. 하지만 나는 내 사랑하는 형과 더불어 마녀 실체에 대해서는 나 나름대로의 생각을 품고 있었다. 그리고 우리의 하느님이, 정말 늘 그래왔듯이, 가엾은 젊은 여인을 자비롭게 그의 품안으로 끌어안으셨다는 것에 기뻐하였다.

온순한 마음의 소유자였던 형은 그럼에도 불구하고 자신의 직책의 의무들에 대해 개탄하기 시작했다. 그도 그럴 것이 그는 저기 시청 계단에서, 형리가 죽은 시체를 그 앞에 끌어다 놓자마자, 선고를 낭독하고 다음 집행 자체에도 협력해야 했기 때문이었다. "이제 벌써 내 가슴이 찢어진다," 그가 말했다 "그들이 거리를 내려올 때면, 소름끼치는 고함소리라니, 왜냐하면 학교들은 학생 아이들을, 또 직업연맹 장인(丈人)들은 그들의 견습공들을 풀어놓을 것이니 말이다. —내가 너라면," 그가 덧붙여 말했다. "넌 새처럼 자유로우니, 마을을 빠져나가 암울한 목사의 초상화를 더 그리겠네!"

다음 날에야 내가 다시 집을 나와 도시 밖으로 나가기로 이제 확정이 되었다. 하지만 형은, 그가 얼마나 나의 애타는 심정을 자극하고 있는지는 모르고, 나에게 자리를 뜰 것을 계속 권고하고 있었다. 그리하여 내가 이 페이지들에 성실하게 기록하게 될 그 모든 일이 이루어질 수밖에 없게 되고 말았다.

내 방 창문과 마주한 저편 교회 탑 풍향계가 아침햇살로 번득이기도 전인 이튿날 아침에, 나는 벌써 침상에서 일어나서는 곧 장터를 지나쳐 갔다. 거기에는 제빵사들이 많은 구매자들을 기다리며 벌써부터 빵 진열대들을 펼치고 있었다. 나는 또한 시청에서 순찰 하사관과 그의 부하들이 부산하게 움직이고 있고, 그중 하나가 큰 계단의 난간 위에 이미 검은 양탄자를 걸쳐놓은 것도 보았다. 하지만 나는 이것을 무시하고 시청 옆 밑에 위치한 홍예문을 통해 황급히 도시를 빠져나갔다.

내가 '성의 정원' 넘어 오르막길에 오르자, 새 교수대를 설치해 놓았던 점토 채취장 옆에 저기 엄청 큰 장작더미가 쌓여 있는 것이 보였다. 서너 사람이 아직도 그것을 손질하느라 바빴고, 그들은 틀림없이 장작들 사이에 기름 연료를 뿌리고 있는 간수와 그의 하수인들이었다. 도시로부터 벌써 소년들의 첫 무리가 그들을 향해 달려왔다. 나는 그런 것에 더 이상 신경 쓰지 않고, 다만 굳건히 보행을 계속했다. 드디어 나무들을 뒤로 하고 앞으로 나왔을 때, 나는 왼쪽으로 동쪽 황무지 위로 높게 솟아오른 첫 햇살을 받아 번쩍이고 있는 바다를 보았다. 그때 두 손을 꼭 잡아야 한다는 느낌이 들었다.

> 오, 나의 신이고 구세주인 주님이여,
> 죄에 빠진 우리 모두에게
> 자비를 베푸소서!
> 그대 사랑이신 주님이여!

국도(國道)가 히스 황야를 통과하는 야외 지점에 내가 이르렀을 때, 나는 농부들의 여러 행렬들과 마주쳤다. 그들은 그들의 작은 사내애들과 계집애들의 손을 붙잡고는 그들을 어디론가 함께 데리고 가고 있었다.

"자네들은 도대체 그처럼 부지런히 어디를 가는 거요?" 나는 무리 중 한 사람에게 물었다. "오늘 읍내에서는 정말 시장이 서지 않는데 말이요."

내가 지레짐작했듯이, 그들은 이제 마녀, 젊은 여자마귀가 불에 타 죽는 것을 보기를 원했다.

"그런데 마녀는 정말 죽었단 말이지요!"

"물론이죠, 그렇게 실망스러운 일은 또 없죠," 그들이 말했다. "그런데 그녀가 우리의 유모인 '지벤치히' 노친[52]의 조카딸인 거요. 그래서 우리가 멀리서 바라볼 수만은 없는 것이고 해서, 그 나머지 것이라도 최대한 활용해야 한단 말이오."

계속해서 새로운 무리들이 그리로 걸어갔다. 그리고 이제는 곡식 대신 오늘 사람들을 가득 실은 마차들도 벌써 아침 안개를 헤치고 나타나는 것이었다. 그때 나는 옆길로 빠져, 아직 밤이슬이 잡초에서 흘러내리고 있었지만, 황무지 위로 걸어 나갔다. 왜냐하면 나의 감정 상태는 고독을 원했기 때문이었다. 그리고 내가 멀리서 보니, 온 마을이 도시를 향해 이동 중인 것같이 보였다. 내가 여기 히스 광야 한복판에 놓여 있는 높은 고분 언덕에 섰을 때, 나를 엄습한 느낌은 내가 도시로 되돌아가던지, 아니면, 아마도 왼쪽으로 내려가 바다로 가던지, 또는 저 밑 해안 가까이에 있는 작은 마을로 가야하는 것

---

52 원문 'die alte Mutter Siebenzig'는 '칠십 노파'의 뜻인데 여기서는 고유명사 같이 쓰이고 있음.

이었다. 그런데 나의 앞 공중에서 어떤 행복, 어떤 미친 듯한 희망 같은 것이 떠돌고 있었다. 그것은 나의 사지를 흔들었고 나의 이빨들은 딱딱 맞부딪쳤다. "요 얼마 전 내가 내 눈으로 본 것이 정말 그녀였다면, 그리고 오늘 내가—" 나는 내 심장이 망치처럼 늑골을 때리고 있음을 느꼈다. 나는 황무지를 가로 질러 걸어갔다. 목사 또한 마차들 중 어느 하나를 타고 도시로 가는지 나는 알고자 하지 않았다. 그럼에도 불구하고 나는 결국 그의 집으로 향하였다.

내가 그곳에 도착했을 때, 나는 급히 관리인 집으로 걸어 갔다. 문은 닫혀 있었다. 잠시 동안 나는 어찌 할 바를 모르고 서 있었다. 그런 다음 나는 주먹으로 두드리기 시작했다. 안에는 모든 것이 그저 조용했다. 하지만 내가 좀 더 세게 두드렸을 때, 관리인의 반쯤 눈먼 늙은 트리엔케가 옆집에서 나왔다.

"관리인 어디 있소?" 내가 물었다.

"관리인요? 목사와 함께 도시로 갔죠."

나는 노파를 노려봤다. 나는 마치 벼락을 맞은 것 같은 느낌이었다.

"어디가 편찮으세요, 화가님?" 그녀가 물었다.

나는 머리를 흔들고 그저 단순히 말했다. "그러니까 오늘 학교 수업은 없겠구먼, 그렇지, 트리엔케?"

"그야 없어야죠! 그들이 마녀를 불태워 죽이고 있어요!"

나는 노파로 하여금 나를 위해 가옥을 열게 했고, 관리인의 침실에서 화구(畵具)와 거의 완성된 초상화를 꺼내 왔고, 보통 때처럼, 이젤을 텅 빈 교실에 설치했다. 나는 화폭에 조금 붓질했다. 하지만 나는 오직 나 자신만을 속이고자 했던 것이다. 난 그림 그릴 기분이 아니었다. 정말 그것 때문에 여기까지 온 것이 아니었다.

노파는 교실 안으로 뛰어들어 와서는 고약한 시절에 관해 불평해댔고, 내가 이해하지 못하는 농부들 일이나 마을에 관한 일들에 관해 떠들어 댔다. 나 자신은 그녀에게 목사의 부인에 관해 물어보고 싶은 마음이 간절했다. 그녀가 나이 들었는지 또는 젊은지, 또한 어디서 왔는지 말이다. 하지만 나는 그 말을 입 밖에 꺼내지 못했다. 그에 반해 노파는 마녀와 여기 마을에 있는 그녀 패거리와 또 전조(前兆) 보기의 능력을 갖춘 노친 지벤치히에 관해 장광설을 늘어놓았다. 또한 후자가, 통풍으로 잠을 못 이루던 어느 날 밤에, 세 수의(壽衣) 자락들이 목사 집 지붕위로 날아가는 것을 보았다든가, 하지만 그런 환영(幻影)들이 대체로 옳은 것으로 드러난다든가, 또 거만을 떨면 고꾸라지게 마련이라는 것이었다. 그러니까 목사 부인도 그녀의 귀족적 지위에도 불구하고 역시 창백하고 핼쑥한 한 인간에 지나지 않는다는 것이었다.

나는 그런 지껄임을 더 듣고 싶지 않았다. 그래서 집에서 나와 한 바퀴 돌아 목사관의 앞면이 마을 대로를 향한 곳으로 갔다. 두근거리는 열망 속에서 나의 눈을 하얀 창문들 쪽으로 돌려보았지만, 흐릿한 창유리들 뒤에는 어디에서나 볼 수 있는 두세 개의 화분들 외에는 아무것도 볼 수 없었다. 나는 발길을 돌릴까 하고도 생각했지만, 그냥 계속 걸었다. 내가 교회 묘지에 왔을 때, 도시 쪽으로부터 바람결에 실려 한 가냘프게 애처로운 종소리가 내 귀청을 울렸다. 하지만 발길을 돌리지 않고, 나는 바다가 은처럼 밝게 빛나는 하늘 끝과 만나는 지점, 멀리 서쪽을 바라다보았다. 그리고 전능한 신의 손에 수천의 인간 목숨이 사라진 어느 날 밤, 그곳에 광분한 불행이 일어나지 않았던가! 나는 도대체 무엇 때문에 벌레처럼 꿈틀거렸던가? 우리는 절대자의 길이 우리를 어디로 인도하는지를 알지 못한다!

나는 당시 나의 발끝이 나를 어디로 끌고 갔는지를 이제는 더 이상 알지 못한다. 나는 내가 원을 그리며 맴돌고 있었다는 것만을 이제 알고 있다. 왜냐하면, 해가 거의 중천에 떠 있었을 때, 나는 관리인 가옥에 되돌아 왔던 것이다. 하지만 나는 이젤을 챙기려 교실 안으로 들어가지를 않고, 작은 뒷문을 통해 다시 집 밖으로 나왔다.

그날 이후로 나의 눈은 초라한 작은 정원을 다시는 보지 못했지만, 내게는 아직까지도 잊히지 않는다. 맞은편에 있는 목사관저의 정원과 마찬가지로 그것은 장방형의 길쭉한 형태로 목사관 목초지와 연결되었다. 두 정원 사이 한가운데에 촘촘한 버드나무 숲들이 있었는데, 그것들이 작은 못을 감싸고 있었다. 왜냐하면 나는 언젠가 하녀가 물을 하나 가득 담은 물통을 들고 마치 구렁텅이에서처럼 올라오는 것을 보았기 때문이다.

내 마음은 오직 걷잡을 수 없는 초조감으로 부대끼는데도, 나는 별다른 생각 없이 관리인의 추수가 끝난 콩밭을 따라 걷고 있을 때, 나는 바깥 목초지로부터 아주 사랑스러운 음조의 여자 목소리를 들었다. 그것은 한 어린아이에게 애정을 기울여 말하는 목소리였다.

나도 모르게 나는 그 소리 쪽으로 발걸음을 옮겼다. 옛날 희랍의 이방신[53]은 그런 식으로 족히 지팡이로 죽은 자들을 인도했음직하다. 벌써 나는 여기 울타리 없이 초지로 연결되는 딱총나무 덤불숲의 저편 끝에 와 있었고, 거기서 나는 조그마한 요한네스가 듬성듬성 난 풀 사이에서 자란 이끼를 한 아름 안고 반대편 버드나무들 뒤로 걸어가는 것을 보았다. 어린 애식으로 아이는 거기에다 그걸 가지고 조그만 정원을 만들고 있었던 것 같았다. 그리고 사랑스러운 목소리가 다시금 내 귀청을 울렸다. "자 그만하면 시작해라. 이제 잔뜩 가지고 있네! 그럼, 그럼. 내가 또 더 많이 찾아 놓을 게. 저기 딱총나무 옆에 넉넉히 자라고 있단다!"

그리고 그 다음 순간 그녀 자신이 버드나무들 뒤로부터 모

---

53 원문 'Heidengott'은 여기서 죽은 자들을 저승으로 이끈 이방신 'Hermes 헤르메스'를 가리킴.

습을 드러냈다. 나는 벌써 오랫동안 나의 마음속에서 그걸 의심하지 않았다. 그녀는 그녀의 눈으로 땅바닥을 살피면서 나를 향해 걸어와서, 나는 그녀를 마음껏 관찰할 수 있었다. 그리고 내게는 야릇하게도 그녀 자신은 한때 바로 그 아이가 다시 된 것처럼 느껴졌다. 내가 그녀를 위해 도깨비를 나무에서 쏘아 떨어트렸던 것이 아니었던가! 그러나 이 아이의 얼굴은 오늘 창백하였고, 거기엔 행복이라든가 또는 발랄함 같은 것은 찾아 볼 수가 없었다.

그녀는 그렇게 나를 감지하지 못하고 점점 더 가까이 왔다. 그러더니 덤불들 밑으로 쭉 뻗어 있던 한 줄의 이끼 옆에 무릎을 꿇고 앉았다. 그러나 그녀의 손들은 그것을 뜯지 않았다. 그녀는 머리를 가슴팍에 푹 숙이고 있었는데, 그것은 마치 그녀가, 다만 어린아이의 눈에 띄지 않는 곳에서, 그녀의 슬픔 속에 잠겨 있기를 원하는 것 같았다.

그때 나는 가만히 불렀다. "카타리나!"

그녀는 올려다보았다. 하지만 나는 그녀의 손을 꽉 잡고 마치 나는 의지가 없어진 사람처럼 그녀를 덤불 그늘 속으로 끌어당겼다. 그러나 내가 그렇게 해서 드디어 그녀를 찾아냈고, 그녀 앞에 서서 말을 할 수가 없었기 때문에, 그녀의 눈은 나에게서 비켜갔고, 거의 낯선 목소리로 그녀가 말했다. "일이 네가 보다시피 이렇게 되어 있는 거야, 요한네스! 객지에서 왔다는 화가가 너인 줄을 나는 잘 알고 있었어. 순전히 네가 오늘 오리라고는 생각하지 않았어."

나는 그것을 다 듣고 나서, 단도직입적으로 말했다. "카타리나 …… 그러니까 네가 목사의 부인이란 말이지?"

그녀는 끄덕이지 않았다. 그녀는 경직되고 고통스러운 표정으로 나를 바라보았다. "그는 그 대가로 목사직을 얻은 거야," 그녀가 말했다. "그리고 너의 아이는 명예로운 이름을 얻게 된 것이고."

"내 아이라고, 카타리나?"

"너는 그것을 느끼지 못했어? 아이는 정말이지 네 무릎 위에 앉았었어. 정말 한 번은 그랬어. 그 애 자신이 내게 그렇게 말해줬는데."

어느 인간의 가슴도 그러한 애통함에 의해서 갈기갈기 찢어지는 일이 제발 없기를! "그리고 너 말인데, 너와 내 자식이, 내게 잃어버린 존재가 되어야 하다니!"

그녀는 나를 바라보았다, 그녀는 울지 않았다, 그녀는 죽은 듯이 그저 온통 창백했다.

"나는 그렇게 못해!" 내가 소리쳤다. "내가 원하는 것은……" 그리고는 사나운 생각들이 내 머릿속을 질주했다.

그러나 그녀의 작은 손이 시원한 나뭇잎처럼 나의 이마 위에 올려놓아졌고, 창백한 얼굴 위로 그녀의 갈색 눈동자는 애원하며 나를 바라보고 있었다. "요한네스, 너 말이야," 그녀가 말했다. "나를 더 비참하게 만들기를 원하지는 않겠지."

"그렇다면 너는 정녕 이런 식으로 살 수 있어, 카타리나?"

"살 수 있냐고?—거기엔 정말 어떤 행복이 깃들여 있어. 그 사람은 아이를 사랑해. 정말 그 이상 무엇을 더 요구할 수 있겠어?"

"그렇다면 우리에 관해서, 또 우리 사이가 한때 어떠했었는지, 그가 알고 있나?"

"아니야, 그건 아니야!" 그녀가 맹렬히 소리쳤다. "그는 죄 많은 여자를 아내로 맞이한 거야. 오, 하느님, 하루하루 새로운 날이 그에게 속해야 정당하지 않겠습니까!"

이 순간에 희미한 노래 소리가 우리 쪽으로 울려 왔다. "그 애야," 그녀가 말했다. "그 애한테 가봐야 해. 애가 다칠 수도 있으니까!"

그러나 나의 관능은 내 욕망의 대상인 여인에게 쏠려 있었다. "그냥 있어," 내가 말했다. "그 애는 저기서 정말 유쾌하게 놀고 있는데."

그녀는 벌써 덤불 숲 가장자리로 걸어갔고 거기서 귀를 기울이며 듣고 있었다. 금빛 가을 햇살은 그처럼 따스하게 내리비치고 있고, 바다로부터는 오직 가벼운 미풍만이 불어오고 있었다. 그때 우리는 저쪽으로부터 버드나무들을 통해 우리 아이의 노래하는 작은 목소리를 들었다.

"작은 천사 둘은 나를 보살펴주고,
작은 천사 둘은 나를 준비시키고,

다른 작은 천사 둘은 천국 정원으로

나를 인도해 주리."

카타리나는 뒤로 물러서서는 유령 같은 큰 눈을 하고 나를 쳐다보았다. "그럼 이제 잘 가, 요한네스," 그녀가 나지막하게 말했다. "여기 이 지상에서 우리는 이제 영원히 다시 못 보는 거야!"

나는 그녀를 끌어안고자 했다. 나는 두 팔을 그녀를 향해 벌렸다. 그러나 그녀는 나를 밀쳤고 또 부드럽게 말했다. "나는 다른 사람의 아내야. 그것을 잊지 마."

하지만 이 말을 듣자 거의 걷잡을 수 없는 분노가 나를 사로잡고 말았다. 나는 거칠게 말했다. "카타리나, 네가 그의 사람이 되기 전에, 누구의 사람이었지?"

서글픈 한탄이 그녀의 가슴에서 터져 나왔다. 그녀는 두 손으로 얼굴을 가리고 소리쳤다. "아, 슬퍼라! 아, 슬퍼라! 나의 더럽혀진 가엾은 몸뚱어리여!"

그때 나는 나의 모든 자제력을 잃어버렸다. 나는 그녀를 급격히 나의 가슴으로 끌어당겼다. 나는 그녀를 나의 팔이 강철 쩜쇠인양 꽉 껴안았고, 드디어, 그녀를 드디어, 다시 소유하였다! 그녀의 두 눈은 나의 눈 속으로 흘러들어왔고, 그녀의 붉은 입술은 내 입술을 마다하지 않았다. 우리는 열렬히 포옹하였다. 나는 그러니까, 우리가 함께 죽을 수만 있다면, 그녀를 죽이고 싶었을 것이다. 그리고 그 다음 나의 시선이 지복한 나머지 그녀의 용모를 음미하고 있을 때, 그녀는 나의 키스로 거의 숨이 막힌 채 말했다. "길고 두려운 삶이 될 거예요! 오, 예수 그리스도여, 제게 이 시간을 용서해 주세요!"

대답이 왔다. 하지만 그것은 남자의 거친 목소리였고, 그의 입에서는 처음으로 나는 그녀의 이름을 들었다. 부름은 저쪽 목사네 정원으로부터 왔는데, 이제 다시 한 번 더 거칠게 외쳤다. "카타리나!"

그때 행복은 끝이 났다. 절망의 눈초리로 그녀는 나를 바라보았다. 그 다음 혼백처럼 가만히 그녀는 가버렸다.

내가 관리인 가옥으로 들어갔을 때, 관리인은 벌써 거기와 있었다. 그는 곧 입을 열고 가엾은 마녀의 처형을 정당화하기 시작했다. "아마도 그것이 자네에게는 별 의미가 없겠지," 그가 말했다. "그렇지 않고서야, 목사님까지도 농부들과 아낙네들을 도시로 몰고 간 판에, 마을로 오지 않았겠지."

나는 채 대답할 시간이 없었다. 찢는 듯 날카로운 비명이 공기를 갈랐다. 나는 내 평생 그 소리를 내 귓전에 지니고 있을 것이다.

"무슨 소리였소, 관리인?" 나는 소리쳐 물었다.

남자는 창문을 세차게 열어 제치고 밖으로 귀를 기울렸다. 그러나 더 이상 아무 일도 없었다. "맹세코," 그가 말했다, "저렇게 소리 지른 건 여인이었소. 그리고 저기 목사 목초지에서 들려왔소."

그러는 동안 또한 트리엔케 노파가 문안으로 들어섰다. "아시겠소, 선생님?" 그녀는 나를 향해 소리쳤다. "수의 조각상들이 목사 댁 지붕위에 떨어졌단 말이오!"

"그게 무슨 뜻인가, 트리엔케?"

"그 뜻은 말이요, 그들이 이제 막 목사 댁 어린아이 요한네스를 물에서 건져냈다는 거요."

나는 방에서 뛰쳐나와 정원을 지나 목사 목초지로 달렸다. 그러나 버드나무들 가운데에서 오직 탁한 물과 그 옆 풀밭 위에서 젖은 진흙의 흔적들만을 발견했다. 더 생각해 보지도 않고 나는 거의 자동적으로 목사 댁 정원으로 가는 작고 하얀 문을 통과하고 있었다. 내가 이제 집 안으로 들어가려 할 때, 그가 몸소 나를 향해 걸어왔다.

그 골격이 큰 남자는 아주 황량해 보였다. 그의 눈은 불그스레하게 보였고 그의 검은 머리는 얼굴에 헝클어졌었다. 그가 말했다. "무엇을 원하지?"

나는 그를 응시하였다. 왜냐하면 내겐 할 말이 없었기 때문이었다. 그렇다, 도대체 나는 정말 무엇을 원했던가?

"나는 자네에 대해 다 알고 있네!" 그가 말을 이어갔다. "아내가 결국 모든 것을 실토했어."

그 말은 묶였던 나의 혀를 풀어주었다. "내 아이는 어디 있소?" 나는 소리쳤다.

그가 말했다. "그의 부모가 그를 익사하도록 만들었어!"

"그러면 나로 하여금 내 자식에게 가도록 해주게!"

하지만, 내가 그의 옆을 지나 대청 안으로 들어가려 했을 때, 그는 나를 뒤로 밀어냈다. "아내는," 그가 말했다, "시체 옆에 엎드려서 하느님에게 큰 소리로 그녀가 지은 죄를 고백하고 있소. 그녀의 가엾은 영혼이 구제되도록 자네는 들어가선 안 되오!"

나 자신 그때 무슨 말을 했었는지, 아, 이제는 완전히 잊었다. 하지만 목사의 말은 내 뇌리에 아로새기어졌다. "내 말을 잘 듣게!" 그가 말했다. "내가 온 마음으로 자네를 미워하고 있네—이것에 대해서는 하느님이 자비심으로 나로 하여금 언젠가 속죄하여 주시기를 바라거니와—또 자네가 추측컨대 나를 미워하겠지만, 우리에게는 아직 한 가지 공통의 관심사가 남아있네. 이제 집에 가서 화판이나 캔버스를 준비하게! 그걸 가지고 내일 아침 일찍 다시 와서 그 위에다 죽은 아이의 얼굴을 그리게. 나를 위해서도 또는 내 가정을 위해서도 아니네. 아이가 짧고 천진난만한 삶을 마음껏 발휘하며 살았던 여기 이 교회에 초상화를 자네가 기증하기 바라네. 그것이 사람들에게 뼈만 남은 앙상한 죽음의 손앞에서는 모든 것이 먼지이라는 사실을 일깨워 주었으면 하네!"

나는 요 얼마 전에 고귀한 미술을 세상의 창녀라고 불렀던 그 사람을 물끄러미 쳐다보다가 모든 것이 그의 말대로 수행될 것이라고 말했다.

그러는 동안에 집에서는 나를 기다리는 한 소식이 있었는데, 그것은 번갯불처럼 내 삶의 죄와 참회를 어둠속에서 급격하게 끌어올려져, 그리하여 나는 전체 사슬이 한 고리 한 고리씩 밝아지는 것을 보았다.

형은 그날 참관하고 보조해야 했던 그 끔찍한 광경으로 인해 그의 허약한 체질에 엄청난 타격을 받고 몸져누워야 했다. 내가 형을 보러 방 안으로 들어가자, 형이 몸을 일으켜 세웠다. "나는 얼마 동안은 더 쉬어야 해," 그가 말하면서 주간신문의 한 페이지를 내 손에 쥐어 주었다. "그런데 이걸 읽어 봐! 그럼, 게르하르두스 어르신의 장원이 다른 사람 손으로 넘어갈 예정이야. 그럴 수밖에 없는 것이, 불프 융커가 아내도 자식도 없이 어느 미친개에 물려 비참한 최후를 마쳤다는 것을 알게 될 거야."

나는 형이 내게 내민 지면을 움켜잡았다. 나는 뜻밖의 행운에 기뻐서 얼이 빠질 뻔했다. 이 충격적인 뉴스에 내 앞에 천국의 문들이 활짝 열리는 기분이 들었다. 하지만 나는 벌써 입구에서부터 불의 칼을 든 천사가 서 있는 것을 보았고, 나의 가슴으로부터 다시금 울부짖음이 터져 나왔다. '오, 파수꾼이여, 파수꾼이여, 그대의 외침은 그처럼 먼 곳에 있었던가!'[54]이

---

54 '행복의 아침'을 알리는 일이 시간적으로 또는 운명적으로 너무 오래 걸렸다는 은유적 표현.

죽음이 우리에게 삶을 줄 수 있었을 텐데. 이제 그것은 다른 경악들에 보태진 또 하나의 경악일 따름이었다.

나는 이층 나의 방에 앉아 있었다. 땅거미가 졌고, 또 밤이 되었다. 나는 저 영원한 성좌를 응시하였고, 또한 잠자리에 들었다. 그러나 잠을 통한 심신회복은 내게 이루어지지 않았다. 나의 혼란스러운 감각상태에서 저편의 교회첨탑이 내 창가로 다가온 양 이상야릇한 느낌이 들었다. 나는 종의 타격이 내 침대 틀의 목재를 통해 울리는 것을 느꼈고, 밤새도록 타종의 숫자를 세었다. 그럼에도 새벽은 끝내 밝아왔다. 천정에 있는 서까래들은 아직 그림자처럼 드리워 있었지만, 나는 벌떡 일어났고, 그 첫 종다리가 그루터기 밭들에서 솟아오르기 전에 나는 이미 도시를 등지고 있었다.

그러나 내가 일찍 출발했었는데도, 나는 벌써 그의 집 문 앞에 서 있는 목사를 만났다. 그는 나를 대청마루로 인도했고, 목판은 제대로 도착했으며, 또 나의 화가(畵架)와 그 밖의 그림도구들은 관리인 집에서부터 그리로 가져다 놓았다고 말했다. 그 다음 그는 문의 손잡이를 잡았다.

하지만 나는 그를 제지하고 말했다. "이 방에서 작업을 하는 것이라면, 힘든 작업을 함에 있어 나 혼자만 있도록 허용해 주십시오!"

"어느 누구도 당신을 방해하지 않을 것이오," 그가 대답하고는 그의 손을 뒤로 뺐다. "당신이 몸의 휴식을 취하기 위해 필요한 것은 건너편 방에서 취할 수 있을 것이오." 그는 대청마루 반대편에 있는 방문을 가리켰다. 그리고는 나를 떠났다.

나의 손은 이제 목사의 손대신 손잡이 위에 놓여 있었다. 집 안은 쥐 죽은 듯 고요하였다. 방문을 열기 전에 나는 마음을 한동안 가다듬어야 했다.

그것은 커다란, 거의 텅 빈 방이었는데, 아마도 세례를 받기 위한 예비학습을 시행하는 장소인 듯하였고, 사방은 희게 회벽 칠을 한 아무것도 걸려 있지 않은 맨 벽이었다. 창문들은 저 먼 해변을 향해 뻗어 있는 황량한 들판을 굽어보고 있었다. 하지만 이 방 한가운데에 흰 천을 덮어씌운 침상이 놓여 있었다. 베개 위에는 창백한 아이의 얼굴이 놓여 있고, 눈은 감겨 있었다. 작은 이빨들은 창백한 입술에서 진주처럼 번득였다.

나는 내 자식의 시체 옆에 엎드려서 열렬한 기도를 드렸다. 그런 다음 나는 작업에 필요한 모든 것을 정돈하였다. 두 번 다시 그 같은 용모를 보여주지 않는 죽은 자들을 그릴 때 그리해야 하듯이 재빨리 진행했다. 이따금씩 나는 지속적이고 위압적인 정적에 의한 듯 소스라치게 놀라기도 하였다. 하지만 내가 일을 멈추고 귀를 기울이면, 그것은 아무것도 아님을 곧 깨달았다. 또 한 번은 마치 나지막한 숨결이 나의 귓가에 울려 퍼지는 느낌이 든 적도 있었다. 나는 죽은 아이의 침상에 다가갔다, 하지만 내가 창백하고 작은 입에 얼굴을 갖다 댈 때, 나의 뺨들을 스치는 것은 오직 죽음의 차가움뿐이었다.

나는 내 주위를 둘러보았다. 방에는 또 다른 문이 하나 있었다. 그것은 어느 침실로 들어가는 문일 수 있고, 아마도 소리는 거기서 들려왔을 법했다! 하지만 내가 아무리 귀를 쫑긋 세우고 들어봐도 더 이상 아무것도 감지하지 못하였다. 내 자신의 감각들이 틀림없이 나 자신을 우롱하였던 것이다.

아, 그리하여 나는 정말 다시 앉아, 시체를 바라보며 계속 그렸다. 그리고 내가 그 홑청 위에 놓여 있는 작은 손들이 비어있는 것을 보았을 때, 나는 생각했다. "너는 정말 작은 선물을 네 자식에게 주어야 한다! 그리하여 나는 초상화 위에 한 송이 흰 수련을 그의 손 안에 그려 넣었다. 마치 그가 그것을 가지고 놀면서 잠이 든 것처럼 보였다. 그런 종류의 꽃들은 이 지역에서는 찾아보기 힘들었기 때문에, 그것은 예쁘고 바람직한 선물이 될 수 있었다.

드디어 배고픔이 나를 작업으로부터 쉬게 했고, 나의 지친 육체에는 원기 보강이 필요했다. 나는 곧바로 화필과 팔레트를 내려놓고, 대청을 지나 목사가 내게 지정해준 방으로 향했다. 하지만 내가 그 안으로 발을 들여놓자마자, 나는 곧 놀라서 뒷걸음질 칠 뻔했다. 그도 그럴 것이 카타리나가, 비록 검은 상복 차림이지만, 내 맞은편에 서 있었다. 그리고 정말 한 여인의 용모에 깃든 행복과 사랑이 뿜어낼 수 있는 매혹적 광채에 휩싸여 있었다.

아, 나는 그것을 너무나 곧바로 알아차렸다. 내가 여기서 본 것은 나 자신이 예전에 그렸던 그녀의 초상화였다. 그러니까 그녀 부친의 집에는 이 그림이 들어설 자리마저 더 이상 없었다. 그런데 그녀 자신은 도대체 어디에 있단 말인가? 사람들이 그녀를 어디로 데리고 갔던 것인가, 혹은 그녀를 여기에다 구금시켜 놓았던 것인가? 오랫동안, 아주 오랫동안 나는 초상화를 바라보았다. 옛 시절이 솟아올라 나의 마음을 괴롭혔다. 마침내, 내가 그렇게 해야 해서, 나는 빵 한 조각을 쪼개어 먹고 두어 잔의 포도주를 들이켰다. 그 다음 나는 우리의 죽은 아이에게로 돌아갔다.

내가 방 안으로 들어가 작업하기 위해 앉으려고 하는데, 작은 얼굴에 눈꺼풀들이 조금 열려 있는 것 같았다. 내가 다시 한 번 우리 아이의 시선을 획득할 수도 있다는 망상에 사로잡혀 허리를 깊숙이 굽혔다. 그러나 차디찬 동공(瞳孔)이 내 앞에 놓여 있을 때, 공포의 전율이 나를 엄습했다. 나는 그 족속의 조모(祖母)의 눈을 보는 것 같았고, 또 그녀가 내 아이의 죽은 얼굴에서 다음을 고지(告知)하려 하는 느낌이 들었다. "그렇게 나의 저주가 너희 둘을 따라잡았지!" 그러나 동시에—나는 세상의 무슨 대가를 치르더라도 그것을 놓치고 싶지 않았다—나는 두 팔로 작고 창백한 시체를 감싸 내 가슴에 끌어 올리고는 피눈물을 흘리며 처음으로 나의 사랑하는 아이를 꼭 껴안았다. "아니다, 아니다, 나의 가엾은 애야, 저 어두운 남자마저도 사랑을 하게끔 만든 너의 영혼은, 그런 눈들로 내다보지 않왔다. 여기서 내다보고 있는 것은 오직 죽음이다. 무시무시한 과거의 심연으로부터 솟아오르는 것은 없다. 거기에는 네 아버지의 죄 이외에 그 어떤 것도 없다. 죄가 우리 모두를 검은 물결 속으로 끌고 들어갔다."

나는 조심스럽게 내 아이를 그의 베개와 요위에 내려놓고 눈을 살며시 감겨주었다. 그 다음 나는 붓을 검붉은 물감에 잠간 적셨다가 그림 하단 한 구석에 이 글자들을 적어 넣었다. C. P. A. S. 그것을 풀어쓰면. 쿨파 파트리스 아퀴스 수브메르수스 (CULPA PATRIS AQUIS SUBMERSUS). '아버지의 죄로 인해 익사한' 이 말이 내 귓가에 울리고 날카로운 칼처럼 내 영혼을 내리치는 동안, 나는 그림을 끝마쳤다.

그렇지만, 이 작업을 하는 동안 다시금 정적이 집 안에서 지속되었는데, 단 그 마지막 시간에 침실로 들어간다고 생각되는 문을 통해 다시 한 번 어떤 나지막한 소음이 들려왔다. 카타리나가, 눈에 띄지 않고 어려운 작업을 하고 있는 나에게 가까이 있기 위해, 거기 저 안에 있었던가? 나는 수수께끼를 풀 수 없었다.

벌써 늦은 시간이었다. 나의 그림은 완성되었다. 나는 방에서 나갈 채비를 하고 있었다. 그러나 내가 다시 작별인사를 하지 않고서는 그곳을 떠날 수 없을 것 같은 느낌이 들었다. 그래서 나는 주저하며 창가에 서서 이미 땅거미가 지기 시작한 바깥 황량한 들판 위를 바라보았다. 그때 대청으로 나가는 문이 열리고 목사가 나를 향해 걸어 들어왔다.

그는 말없이 인사했다. 그 다음 그는 두 손을 마주 잡고 서서는 그림 위의 얼굴과 앞에 있는 작은 시체의 얼굴을 세심히 비교를 하는 듯 번갈아가며 관찰하였다. 하지만 그의 시선이 그려진 아이의 손에 있는 수련에 와 닿자, 그는 고통스러운 듯 두 손을 치켜들었다. 그리고 나는 그의 눈에서 갑자기 눈물이 샘솟는 것을 보았다.

그때 나 또한 죽은 아이를 향해 두 팔을 벌리고 아주 큰 소리로 외쳤다. "잘 있어라, 내 아이야! 오, 나의 요한네스, 잘 있어라!"

그러나 동시에 나는 옆방에서 나지막한 발자국 소리를 들었다. 작은 손이 문을 더듬는 듯하였다. 나는 분명히 나의 이름을 부르는 소리를 들었다—혹은 그것은 죽은 아이의 이름이었던가? 그런 다음 문 뒤에서 여자들의 옷 같은 것이 바스락거리는 소리가 흘러나왔고 누가 쓰러지는 소리가 들렸다.

"카타리나!" 나는 소리쳤다. 그리고 냅다 문을 향해 돌진했고 굳게 잠겨 있는 문의 손잡이를 흔들어댔다. 그 순간 목사가 손을 내 팔위에 얹었다. "그것은 내 직분에 속한 일이오!" 그가 말했다. "이제 가시오! 그러나 평안한 마음으로 가시오, 그리고 신의 은총이 우리 모두에게 내리기를!"

나는 마침내 그때 자리를 떴다. 내 자신이 채 깨닫기도 전에, 나는 이미 밖에서 황무지 위를 지나며 도시를 향하고 있었다.

나는 다시 한 번 등을 돌려 저녁의 어스름으로부터 그저 그림자들처럼 솟아나 있는 마을을 뒤돌아보았다. 거기에, 나의 죽은 아이—카타리나—모든 것, 모든 것이 거기 있었다! 나의 오래된 상처가 나의 가슴속에서 뜨겁게 달아올랐다. 그리고 이상하게도, 전에는 한 번도 이곳에서 감지하지 못했던 것인데, 내가 갑자기 또렷이 의식하게 된 것은 내가 저 먼 해변에서 부딪쳐 부서지는 사나운 파도 소리를 듣고 있다는 사실이었다. 어느 사람과도 마주치지 않고, 어느 새의 지저귐도 듣지 못했다. 그러나 바다의 둔탁한 포효는 내 귀에는 끊임없이 어두운 자장가처럼 울렸다. 아퀴스 수브메르수스, 아퀴스 수브메르수스!(Aquis submersus, acquis submersus!)

* * *

여기서 원고는 끝이 났다.

요한네스 씨가 한때 그의 예술적 능력을 최대한 느끼면서 장담했던 바, 그가 언젠가는 그의 예술분야의 거장들과 어깨를 나란히 할 수 있을 것이라는 것은 허공에 대고 한 말로만 남아있어야 했다.

그의 이름은 내로라하는 사람들의 축에 끼지도 못할뿐더러 어느 예술가 백과사전에서도 찾아보기 어렵다. 우리 도시의 연대기는 대형(大形) 나사로 그림에 관해 아직 언급은 하고 있지만, 그림 자체는 금세기 초 우리의 오래된 교회가 철거되었을 때 교회의 다른 예술품들과 더불어 값싸게 넘겨지거나 그냥 사라져 버렸다.

Aquis submersus.

삼색제비꽃[01]

큰 집의 내부는 매우 조용하였다. 하지만 복도에서조차 신선한 꽃다발들의 향기가 느껴졌다. 집의 상부로 이어지는 넓은 계단의 맞은편, 양쪽으로 여닫는 문에선 말쑥한 옷차림을 한 늙은 하녀가 걸어 나왔다. 스스로 만족한 채, 그녀는 격식을 차려서 문이 찰각 잠기게 하고는, 마치 여기서도 한 점의 먼지도 없도록 최종 검열을 하는 듯, 사방 벽들을 찬찬히 둘러보았다. 그러나 그녀는 고개를 끄덕여 수긍을 표하고, 이제 막 차임의 두 번째 소절을 연주한 해묵은 가정시계에 눈을 돌렸다.

"벌써 반이 됐네." 노파는 중얼거렸다. "그러니까 어르신

---

01   원어 명칭은 'Viola tricolor'로서 그 통칭은 'Stiefmütterchen 삼색제비꽃'이라 하고 그것을 직역하면 '작은 의붓어머니'가 되는데 그 문화적 맥락은 '수줍음' 또는 '삼위일체'를 뜻한다.

네들은 여덟 시에 와 있기를 원했다! 하고 교수님이 적어 놓았어."

그런 다음 그녀의 주머니 속에서 커다란 열쇠 뭉치를 더듬어 보고는 저택의 뒤편 공간으로 사라졌다. 다시 조용했다. 오직 시계추의 재깍거리는 소리만이 드넓은 복도와 층계 위로 울려 퍼졌다. 현관 위의 창을 통해서 석양의 한 줄기 햇살이 흘러 들어와 시계의 외장 케이스 위에 붙은 세 개의 금박 단추 위에서 번쩍였다

그럴 즈음 위층에서 작은 발걸음이 가만 가만 내려오고 있었는데, 층계참에 나타난 것은 열 살 가량의 소녀였다. 그녀 또한 산뜻하고 화사하게 옷을 차려 입었다. 붉고 흰 줄무늬 옷은 그녀의 갈색 얼굴과 검은 광택이 나는 많은 머리채와 잘 어울렸다. 그녀는 난간에 기대어 그녀의 머리를 팔로 괴고서는 천천히 아래로 미끄러졌다. 그녀의 검은 눈은 꿈을 꾸듯 맞은 편 문에 집중하였다.

한순간 그녀는 귀를 기울이며 복도에 서 있었다. 그러더니 가만히 방문을 열고는 육중한 커튼들을 제치고 미끄러지듯 안으로 살며시 들어갔다. 안은 벌써 어둑어둑 하였다. 그도 그럴 것이 깊숙한 방의 두 창문은 높은 집들로 둘러싸인 길거리를 향하고 있었다. 단지 소파 옆쪽에는 짙은 초록빛 융단 양탄자 위에 올려놓은 베네치아 풍의 거울이 길게 은처럼 번쩍였다. 이러한 고적한 분위기 속에서 거울은 오직 소파 옆 탁자

위의 대리석 화병에 담겨 있는 신선한 장미 꽃다발의 형상만을 반영하기 위해 거기 서 있는 것 같았다. 그러나 곧 테두리에 어린아이의 검은 머리가 비쳤다. 어린 소녀가 푹신푹신한 양탄자를 밟고 그리로 온 것이었다. 그녀의 시선이 방문의 뒤쪽을 좇아가는 동안에 그녀의 길고 가느다란 손가락들은 벌써 성급히 꽃줄기들 사이로 파고들었다. 그녀는 드디어 반쯤 핀 이끼장미 한 송이를 꽃다발에서 떼어 내는 데 성공했다. 그러나 그렇게 하면서 가시들을 주의하지 않았기에 붉은 핏방울 한 방울이 그녀의 팔뚝 위로 흘러내렸다. 그녀는 재빨리 그것을 그녀의 입술로 빨아드렸다—하마터면 핏방울이 귀중한 식탁보의 무늬에 떨어질 뻔 했었다. 그 다음 살며시, 그녀는 그리로 온 그대로 훔친 장미를 손에 쥐고 다시 방문 커튼을 헤치고 복도로 빠져 나왔다. 그녀는 여기서도 다시 한 번 귀 기울여 들어 본 후, 그녀가 조금 전 내려왔던 층계를 쏜살같이 올라가서는 위층의 복도를 따라 마지막 방문 앞까지 왔다. 거기 창문들 중 하나를 통해 다시 한 번 밖을 내다보니 거기에는 저녁 햇살을 맞으며 제비들이 넘나들고 있었다. 그때 그녀는 손잡이를 돌려 방문을 열었다.

그 방은 부친의 서재였는데, 보통 때는 그녀가 발을 들여 놓지 않는 곳이었다. 이제 그녀는 높다란 서가(書架)들 사이에 홀로 서 있는데, 거기 꽂혀 있는 수많은 책들이 보는 이의 마음에 존경심을 자아냈다. 그녀가 주저하며 뒤로 문을 잠갔을 때, 왼편 창문 밑에서 개 짖는 소리가 짧지만 힘차게 들려왔다. 어린 소녀의 진지한 얼굴 모습에 미소가 스쳐갔다. 그녀는 재빨리 창가로 가서 밖을 내다보았다. 밑에는 저택의 큰 정원이 드넓은 잔디 부분과 잡목 부분으로 나뉘어 펼쳐져 있었다. 그런데 그녀의 네발 가진 친구는 벌써 다른 길로 달려간 것 같았다. 그리하여 아이의 얼굴엔 점점 그늘 같은 것이 드리웠다. 그녀는 어떤 다른 일로 여기로 왔던 것이니, 개 네로(Nero)가 그녀와 무슨 상관이 있었단 말인가!

그녀가 들어온 문 맞은편, 서쪽 방향으로 방의 두 번째 창문이 나 있었다. 옆 벽을 등지고, 그러니까 거기 앉아 있는 이의 손이 빛을 받도록, 어느 박식한 고대 문물 연구가의 커다란 책상이 하나 놓여 있었는데, 중앙의 장식대 위에는 로마와 희랍에서 가지고 온 청동 제품들과 테라코타 제품들, 고대 신전들과 가옥들의 작은 모형들, 또 망각의 폐허에서 건져 낸 다른 물품들이 꽉 들어차 있었다. 그런데 위쪽으로 봄의 대기에서 솟아난 듯 젊은 부인의 실물 크기의 상반신 그림이 걸려 있었고, 청춘의 왕관 모양으로 금발의 땋은 머리채가 그녀의 투명한 이마 위에 올려져있었다. "holdselig(아리따워)", 이 오래된 단어를 그녀의 친구들은 그녀를 위해 다시 끄집어냈었다—이 집의 문턱을 넘어 들어오는 사람들을 그녀가 미소로 맞이했을 당시 한때 그러했었다. 그리하여 그녀는 지금도 여전히 벽에서부터 그녀의 푸르고 천진한 눈으로 초상화 속에서 내려다보고 있었다. 단지 그녀의 생존 시 볼 수 없었던 어떤 가벼운 우수(憂愁)가 그녀의 입가에 감돌았다. 그로 인해 초상화를 그린 화가는 당시 질책을 받았으나 그 후 그녀가 죽고 나서는 그러한 분위기가 모든 이에게 합당하게 보였다.

검은 머리카락의 어린 소녀는 살금살금 그리로 다가갔다. 그리고 강렬한 친밀함을 느끼며 그녀의 두 눈을 초상화에 고정시켰다.

"어머니, 나의 어머니!" 그녀는 속삭이듯 말했다. 정말이지 그런 말과 함께 그녀는 그녀의 품으로 안기고자 하는 듯하였다.

아름다운 초상화는 그전처럼 생기 없이 벽에서 내려다보고 있었다. 하지만 그녀는 고양이처럼 재빨리 앞에 있는 안락의자를 딛고 책상 위로 기어 올라가서 반항적으로 뾰로통해진 입술을 하고 이제 초상화 앞에 서서는 떨리는 두 손으로 훔친 장미를 금빛 액자의 아래 테두리 뒤에 끼워 넣으려고 애썼다. 그것을 성공시키자 그녀는 재빨리 다시 내려와서는 그녀의 손수건으로 그녀의 작은 발자취를 책상 표면에서 말끔히 지웠다.

그러나 이제 그녀는 자기가 조금 전 그렇게 수줍어하며 들어왔던 방을 다시 떠날 수 없을 것만 같았다. 방문을 향해 벌써 몇 발자국을 내디디었지만, 그녀는 다시 돌아섰다. 책상 옆 서쪽 창이 그녀를 잡아끄는 듯하였다.

바로 그 밑에도 정원이, 좀 더 정확히 말하자면, 황무지 같은 정원이 자리 잡고 있었고 장소는 물론 작았다. 그도 그럴 것이 무성한 잡목으로 뒤덮이지 않은 곳에, 사방에서 보이는 높다란 담장이 눈에 들어왔다. 여기 창문 맞은편에, 겉보기에 허물어질 듯이 보이는 등나무 오두막이 있고, 앞에는 아직도 클레머티스 덩굴에 거의 뒤덮인 정원 의자가 아직도 남아 있었다. 오두막과 마주한 곳에 전에는 한때 줄기가 긴 장미나무[02] 무리가 들어서 있었던 것이 틀림없었다. 그러나 이제 그것들은 빛바랜 가지 위에 말라 버린 벌레처럼 매달려 있는가 하면, 그 대신 그들 사이에서 무수한 장미꽃들로 뒤덮인 천엽화(千葉花) 장미나무들이 지는 꽃잎들을 사방으로 잔디와 잡초 위에 흩뿌렸다.

어린 소녀는 두 팔을 창문턱에 올려놓고 양손에 턱을 괴고는 동경에 찬 눈으로 아래를 내려다보았다.

저 건너 등나무 오두막에서는 제비 두 마리가 들락날락 날아다니고 있었다. 그들은 그들의 보금자리를 그 안에 지어놓았음이 분명하였다. 다른 새들은 벌써 휴식에 들어갔는데, 단지 울새 한 마리만이 거기서 꽃이 진 나도싸리나무의 가장 높은 가지에서 아직도 왕성하게 노래하면서 검은 눈으로 아이를 바라보고 있었다.

02　특별히 배양된 종류.

"네시(Nesi),[03] 너 여기 있었구나!" 귀에 익은 여인의 목소리가 부드럽게 말하고, 그녀의 손은 아이의 머리를 어루만지고 있었다. 늙은 하녀가 눈치 채이지 않고 방 안에 들어와 있었던 것이다. 아이는 머리를 돌려 그녀를 피곤한 표정으로 바라보았다. "안네(Anne)" 애가 말했다. "내가 오직 다시 한 번 더 할머니 정원에 들어가 보면 좋을 텐데!"

노파는 대꾸하지 않았다. 그녀는 단지 그녀의 입술을 꽉 다물고는 무엇에 동의하는 듯 두어 번 고개를 끄덕였다. "자, 어서!" 그때 그녀가 말했다. "네 꼴이 그게 뭐냐! 그들이 곧 도착할 것이야, 아버지와 새어머니 말이야!" 그렇게 말하며 그녀는 아이를 팔 안에 꼭 껴안고 아이의 머리카락과 옷매무새를 가지런히 다듬었다. ― "아냐, 아냐, 우리 귀여운 네시! 넌 울면 못써. 근사하고 멋진 숙녀가 되어야지, 네시. 너도 정말 멋진 사람들을 보고 싶지!"

바로 이 순간에 마차의 덜컹거리는 소리가 거리에서 들려왔다. 아이는 움찔했으나 노파는 아이의 손을 잡고 재빨리 방에서 나왔다. 그들은 마차가 당도하는 것을 볼 수 있도록 시간에 충분히 맞추어 나왔던 것이다. 집의 젊은 두 하녀는 집 대문을 일찌감치 열어놓았다.

늙은 하녀의 말은 딱 들어맞는 것 같았다. 진지한 얼굴 모

03   Nesi는 Agnes의 애칭.

습에서 네시의 아버지라고 쉽게 단정할 수 있는 사십 세가량의 남자가 아름다운 젊은 부인을 마차에서 들어 내렸다. 그녀의 머리카락과 눈은 어린아이의 것처럼 검은색이었고, 그녀가 바로 아이의 의붓어머니가 된 것이었다. 정말이지, 그녀가 그렇게 젊지만 않았다면, 사람들은 언뜻 그녀를 보고서 아이의 친어머니로도 간주했을 것이리라. 그녀는 다정하게 인사를 하면서 그녀의 눈은 무엇을 찾는 듯 두리번거렸다. 하지만 그녀의 남편은 그녀를 재빨리 집 안으로 그리고 아래층 방으로 인도하였는데, 거기에서 그녀를 맞이한 것은 신선한 장미 향기였다.

"우리는 여기서 함께 살아갈 거요." 그가 말하면서 그녀를 푹신한 안락의자에 앉혔다. "여기 그대의 새 가정에서 먼저 안식을 찾기 전에는 이 방을 떠나지 말아요!"

그녀는 흐뭇하게 그를 올려다보았다. "그런데 당신은 — 내 곁에 머물러 있지 않을 셈이나요?"

"내가 그대에게 우리 집의 보물들 중 가장 좋은 것을 가져다드리리다."

"그럼 그렇지, 루돌프, 당신의 아그네스(Agnes)이군요! 그녀는 도대체 조금 전 (우리가 도착했을 때) 어디 있었던 거예요?"

그는 벌써 방을 떠나고 없었다. 그들이 도착했을 때 늙은 안네 뒤에 네시가 숨어버린 것을 아버지가 눈치 채지 않을 리

없었다. 이제 그녀가 복도에 멍하니 서 있는 것을 보고, 그는 그녀를 두 팔로 높이 치켜들고 방 안으로 데려왔다.

"자, 여기 그대 곁에 네시가 와 있네요!" 그가 말하면서 아이를 아름다운 계모의 발 밑 양탄자 위에 내려놓았다. 그러고 나서 그는 챙겨야 할 다른 일이 있다는 듯이 밖으로 나가버렸다. 그는 두 사람만을 남겨두어 그들이 서로서로를 발견하게 할 셈이었다. 네시는 천천히 몸을 일으켜 세우고 그저 말없이 젊은 부인 앞에 서 있었다. 아마도 친절한 접대를 당연한 것으로 여긴 후자는 드디어 소녀의 두 손을 마주 잡고 진지하게 말했다. "너 이제 내가 네 어머니라는 사실을 잘 알고 있겠지. 아그네스, 우리가 서로서로 아껴주는 것이 좋지 않겠니?."

네시는 옆을 보고 있었다.

"그런데 제가 유모(Mama)라고도[04] 불러도 될까요? 그녀는 수줍게 물었다.

물론이지, 아그네스, 유모(Mama)든 어머니(Mutter)든 네가 원하는 대로 부르렴!

아이는 당황스러워 하며 그녀를 쳐다보고 불편한 목소리로 물었다. "'유모' 난 잘 말할 수 있어요."

---

04 'Mama'는 독일어에서 '엄마'라는 뜻 외에 유모(乳母 Amme)의 뉘앙스가 있음; 한국어에서는 '엄마'가 '어머니'보다 더 친밀하게 들리기도 하는데, 이 특별한 환경에서는 '어머니 Mutter'는 '참 어머니'로, 'Mama'는 '서모(庶母)'의 뉘앙스로 이해됨.

젊은 부인은 재빨리 아이를 내려다보고 자신의 검은 눈을 자기 눈보다 더 검은 아이 눈에 고정시켰다.

"'유모'는 되고 '어머니'는 안 된다는 말이지?" 그녀가 물었다.

"제 어머니는 죽은 것이 사실이죠," 네시는 낮은 음성으로 말했다.

자기도 모르는 동작으로 젊은 부인의 손은 아이를 뒤로 뿌리쳤다. 그러나 다음 순간 애를 다시 맹렬히 그녀의 가슴에 껴안았다.

"네시," 그녀가 말했다. "무터(Mutter)와 마마(Mama)는 정말 같은 것이야!"

하지만 네시는 아무 대꾸도 하지 않았다 그녀는 돌아가신 이를 언제나 유일무이한 어머니로 일컬었다.

대화는 그렇게 끝났다. 집주인양반이 다시 방 안에 들어와 있었다. 그리고 귀여운 딸이 젊은 부인의 품 안에 있는 것을 바라보았을 때, 그는 만족스럽게 미소 지었다.

"자, 어서 와요," 그가 명랑하게 말하면서 후자에게 손을 내밀었다. "이제부터 이 집의 모든 방을 여주인으로서 차지해요!"

그들은 서로 손잡고 방에서 나왔다. 아래채의 큰 방들을 지나고, 또 부엌과 지하실을 거쳐, 다음 드넓은 층계를 올라가 큰 거실로, 또 층계 양편으로 복도를 따라 나열한 보다 작은 별실들과 작은 침실들 안으로 들어가 보았다.

저녁은 벌써 어두컴컴해졌다. 젊은 부인은 남편의 팔에 점점 더 무겁게 기대었다. 문들이 하나하나 그녀의 앞에서 열릴 때마다 새로운 짐이 그녀의 어깨를 짓누르는 듯이 그런 느낌이 들었다. 즐겁게 쏟아져 나오는 그의 말들은 점점 더 짤막하게 응답되었다. 드디어 그들이 서재 문 앞에 당도했을 때, 그는 잠잠해졌고 자기의 어깨에 기대어 있던 아름다운 머리를 그와 마주 보게 치켜세웠다.

"왜 그래요, 이네스(Ines)?" 그가 입을 열었다. "그대는 기뻐하지 않는구려!"

"아, 아네요, 저도 기쁜 걸요."

"자, 어서 와요!"

그가 방문을 열자, 부드러운 광선이 그들을 맞이하는 듯했다. 서쪽 창문을 통해 작은 정원의 잡목 숲 저편에 걸려 있는 석양의 황금빛이 흘러들어오고 있었다. 석양빛을 받아 죽은 여인의 아름다운 초상화는 벽에서 내려다보고 있었다. 그 아래에, 칙칙한 황금빛 액자의 테두리 위에 싱싱한 붉은 장미 한 송이가 작열하는 듯이 놓여있었다.

젊은 부인은 자기도 모르게 손을 자기의 가슴에 갖다 대고는 감미로운 생동감 넘치는 초상화를 그저 물끄러미 바라보았다. 그러나 벌써 남편의 두 팔은 그녀를 꼭 껴안았다.

"저 여인이 한때 나의 행복이었지," 그가 말했다. "이제는 그게 당신이야!"

그녀는 머리를 끄덕이었다. 하지만 그녀는 입을 다물고 숨을 몰아쉬었다. 아아, 이 죽은 여인은 아직도 살아있었다, 그리고 두 여인 모두에게 한 집에서 함께 있을 공간은 없어라!

네시가 여기 들어와 있었던 조금 전과 같이, 개 짖는 소리가 북쪽을 향한 큰 정원에서 힘차게 들려왔다.

그녀의 남편은 부드러운 손으로 젊은 부인을 바깥으로 향한 창가로 인도하였다. "저 밑을 한번 내려다보아요!" 그가 말했다.

커다란 잔디밭 둘레로 이어지는 오솔길 아래에 검은 뉴펀들랜드 큰 개가 앉아있었다. 개 앞에 네시가 서서는 그녀의 많은 검은 머리 한 가닥으로 개의 코를 감싸 원을 만들어 그것을 조이곤 했다. 그러면 개는 머리를 뒤로 제치며 짖어대고, 네시는 깔깔거리며 장난을 다시 시작하는 것이었다.

이 천진한 장난을 구경하고 있는 아버지도 미소를 금할 수가 없었다. 하지만 그의 옆의 젊은 여인은 미소 짓지 않았다. 그래서 어떤 서글픈 구름장 같은 것이 그의 위로 자나갔다. '친어머니라면 좋으련만!' 그가 생각했다. 하지만 그가 큰 소리로 말했다. "저건 우리 개 네로(Nero)야. 그대는 저 녀석하고 친분을 터야해, 이네스. 저 녀석하고 네시는 좋은 놀이동무지. 큰 녀석이 애의 인형마차 앞에 자신을 매도록 내버려두니까 말이야."

그녀는 그를 올려다보았다. "여기서 알아 둘 것이 한두 가지가 아니네요, 루돌프(Rudolf)," 그녀는 멍한 듯이 말했다. "내가 헤쳐 나가기만을!"

"이네스, 그대는 꿈을 꾸고 있어! 우리하고 아이뿐이야. 이보다 더 단출한 세대(世帶)가 있을까."

"'있을까' 하고 말하시지만, 그럴까요?" 그녀가 맥없이 말을 되풀이하고는, 그녀의 시선이 이제 개와 더불어 잔디밭 주변을 뛰어다니고 있는 아이에게 쏠려 있었다. 그러다가 갑자기 불안감에 사로잡혀 그녀의 남편을 쳐다보더니 그의 목을 두 팔로 감싸며 애원하였다. "저를 꽉 잡아주세요, 저를 도와주세요! 제 마음이 아주 무거워요."

몇 주 또 몇 달이 지나갔다. — 젊은 부인이 내심 두려워한 일들은 벌어지지를 않았다. 가정살림은 그녀의 지휘하에서 척척 진행되었다. 하인 일동은 친절하면서도 우아한 그녀의 성품에 즐겨 부합하였고, 외부에서 온 누구라도 이제는 주인과 맞먹는 안주인이 안살림을 관장하고 있다고 느꼈다. 물론 남편의 안목에서 그것은 조금 다른 것이었다. 그녀가 마음속으로는 가사 일들을 어떤 낯선 것인 양 취급하기 때문에, 더 조심스럽게 처리하고 있음이 틀림없다고 그는 명확히 인식했다. 그녀는 그에게 또 그는 그녀에게 속한다고 스스로 확신해야만 한다는 듯이, 그녀가 가끔 맹렬한 순정을 드러내며 그의 팔에 안길 때면, 노련한 남자의 마음은 뒤흔들리곤 하였다.

네시에 대해서도 더 가까운 관계가 형성되어 있지 않았다. 의붓어머니가 집에 들어온 이래로 아이는 자신의 어머니에 대한 기억을 그처럼 끈질기게 간직하고자 하였던바, 이제 어떤 사랑과 현명함에서 우러나는 내면적 목소리가 새어머니에게, 아이의 친어머니에 관해 아이와 같이 얘기할 것을 명하고 있었다. 그러나 문제는 바로 그것—그녀 남편 방에 높이 걸려 있는 감미로운 초상화—이었다! 그녀의 내면의 눈조차 그것을 바라보기를 꺼렸다. 아마도 족히 여러 번 그녀는 용기를 내기도 하였다. 예컨대 그녀는 아이를 두 손으로 끌어당겨 보기도 했다, 그러나 그런 다음 무뚝뚝해졌다. 그녀의 입술은 할 일을 하지 못했고, 네시의 검은 눈동자는 그러한 진심에서 우러나는 동작에 기뻐하며 반짝였지만, 애는 곧 다시 슬퍼하며 몸을 빼어내어 달아났다. 그런데 기이한 일은 어린 소녀가 아름다운 부인으로부터의 사랑을 갈망하고 있었다는 사실이다. 하지만 그녀에게 결여되어 있던 것은 모든 진정한 대화의 열쇠가 되는 호칭(呼稱)이었다. 그녀가 느끼기에 하나는 해도 괜찮고, 다른 하나는 안 되는 것이었다.

이네스도 이 후자의 장애를 느끼고 있었다, 또 그것이 가장 쉽게 극복되어져야 할 사항으로 보였기 때문에 그녀의 생 각들은 이 문제점으로 귀결되곤 했다.

그리하여 그녀는 어느 날 오후 거실에서 남편과 앉아서, 차 끓이는 기구에서 노래하듯 가볍게 솟아오르는 증기를 쳐 다보고 있었다.

이제 신문을 이제 막 다 훑어본 루돌프는 그녀의 손을 꽉 잡았다. "이네스, 그대는 참 말이 없구려. 오늘 내게 단 한 번 도 말을 건네지 않으니 말이요!"

"해야 할 말이 있는데요." 그녀는 주저하며 대답했고, 그러 면서 그녀의 손을 그의 손으로부터 빼어냈다.

"그럼 그걸 말해 보오!"

그러나 그녀는 다시금 한동안 말이 없었다.

"루돌프," 그녀는 드디어 입을 열었다. "당신의 애가 나를 '뭇터'(Mutter 어머니)라고 부르도록 해줘요!"

"그렇다면 애가 그렇게 하지 않고 있다는 말이요?"

그녀는 머리를 절레절레 흔들며 그녀가 도착한 날에 일어 난 일을 그에게 말해 주었다.

그는 그녀의 말을 조용히 들었다. "그것은 여기 한 어린애 의 영혼이 무의식적으로 찾아낸 한 구실이구면. 우리는 그런 구실을 고맙게 그냥 내버려둘 수 없을까?" 그가 말했다.

젊은 부인은 그 말에 대꾸하지 않고 그저 다음과 같이 말 했다. "그렇게 되면 애는 영원히 내게 가까이 다가오지 못할 거예요."

그는 그녀의 손을 잡고자 하였으나 그녀는 그의 손을 뿌리쳤다.

"이네스." 그가 말했다. "자연이 거부하는 것은 어떤 것도 요구하지 말아요. 그러니까 네시로부터는 애가 그대의 자식이라고 말하도록, 또 그대로부터는 그대가 애의 '뭇터'(친어머니)라고 말하도록 요구해서는 안 되는 것이오!"

그녀의 눈에서 눈물이 솟구쳐 흘러나왔다. "그러나 나는 정녕 애의 어머니가 되어야 해요." 그녀는 맹렬한 기세로 말했다.

"애의 어머니라고? 아니오, 이네스, 그렇게 되어서는 안 되오."

"그러면 내가 무엇이 되어야 한단 말이에요, 루돌프?"

만약에 저 여자가 이 물음에 대한 명약관화한 답을 이제 이해할 수만 있었다면, 그녀는 스스로에게 답을 주었을 텐데. 그는 그렇게 느끼며, 그녀의 눈 속을 곰곰이 들여다보고 있었다, 마치 거기서 어떤 도움이 되는 말을 찾아내야만 하는 것처럼.

"제발 솔직히 말해 봐요!" 그녀는 그의 침묵을 이해하지 못하며 말했다. "그것에 대해 대답이 없군요."

"오, 이네스!" 그가 소리쳤다. "그대의 배 속에 그대의 피를 받은 아이가 생길 때가 그때요!"

그녀는 손사래를 쳤다. 하지만 그가 말했다. "그런 때가 올 것이오. 그러면 그대의 눈에서 흘러나오는 황홀감이 그대 아기의 첫 미소를 일깨우고 또 그 작은 영혼이 어떻게 당신에게 기쁨을 가져다주는지 느끼게 될 것이오. ― 또한 네시를 들여다보며, 그 언젠가 이 애기는 지복한 눈을 번득이며 작은 팔로 굽어보는 목덜미를 휘감고서 '뭇터!'하고 말했다오. ― 그 애가 이 세상의 어떤 다른 여인에게도 그렇게 말할 수 없다고 해서 애에게 골을 내지 말아요!"

이네스는 그의 말을 제대로 다 듣지도 않은 채, 그녀의 생각은 오직 한 가지 쟁점만을 감돌았다. "그대가 나에게 '애는 그대의 아이가 아니야'라고 말할 수 있다면, 왜 그대는 내게 '그대는 정녕 내 아내가 아니야!'라고 말하지 않으려는 거지요?"

대화는 거기서 멈추었다. 그의 사유 설명은 그녀의 마음에 와 닿지 않았다!

그는 그녀를 끌어안았다. 그는 그녀의 마음을 가라앉히고자 하였다. 그녀는 그에게 키스하였고 눈물어린 눈으로 미소 지으며 그를 바라보았다. 그러나 그렇게 해도 그녀의 마음은 편치 않았다.

루돌프가 그녀의 곁을 떠났을 때, 그녀는 밖으로 나가 큰 정원 안으로 들어갔다. 그녀가 안에 들어섰을 때, 그녀는 네시가 교과서를 한 손에 들고 넓은 잔디밭 주변을 맴돌고 있는 것을 보았지만, 애와 마주치지 않으려고 정원 담장을 따라 관목들 사이로 뻗어 있는 샛길로 들어섰다.

의붓어머니의 아름다운 눈에 서린 슬픈 표정은 아이의 눈에, 언뜻 바라보았음에도, 띄지 않을 수가 없었다. 그리하여 마치 어떤 마력에 의해 이끌리듯 계속 배우면서 또 그녀의 공과(工課)를 이리저리 읊조리며 그녀 자신도 발길을 오솔길로 옮기게 되었다.

이네스는 마침 그때 높은 담장에 나 있는 샛문 앞에 서 있었는데, 그 문은 온통 연자색 꽃잎을 지닌 한 그루 덩굴 식물로 뒤덮여 있었다. 멍한 눈초리로 그녀의 눈은 한순간 거기에 머물렀지만, 그녀는 다시 산책을 계속하려든 참에, 아이가 그녀를 향해 걸어오는 것이 보였다.

이제 그녀는 발걸음을 멈추고 물었다. "네시야, 이건 무슨 종류의 샛문이냐?"

"할머니의 정원으로 가는 문!"

"할머니의 정원으로 간다고? — 네 조부모님들은 정말 벌써 돌아가신지 오래 되었는데!"

"그래요, 벌써 오래, 오래 되었어요."

"그렇다면 그 정원은 이제 누구의 소유이냐?"

"우리 것이죠!" 아이는 그것이 자명한 듯이 말했다.

이네스는 그녀의 아름다운 머리를 관목 밑으로 밀어 넣으며 문의 쇠 손잡이를 이리 저리 흔들기 시작했다. 네시는 그러한 노력들이 어떤 좋은 결과를 가져다주기를 기다리는 듯이 말없이 옆에 서 있었다.

"그런데 정원 문은 꽉 잠겨있네!" 젊은 부인이 소리치며 손가락들에 묻은 녹을 손수건으로 닦아 냈다. "저것이 아버지 서재에서 보이는 황폐한 정원이야?"

아이는 고개를 끄덕였다.

"새들이 저쪽에서 노래하고 있는 소리를 좀 들어 봐라!"

그러는 사이 늙은 하녀가 정원 안에 들어와 있었다. 그녀가 둘의 목소리를 담장에서 알아차렸을 때, 그녀는 서둘러 그들 곁으로 달려왔던 것이다. "저 안에 방문객들이 와 있어요." 그녀가 알려왔다.

이네스는 그녀의 손을 다정하게 네시의 뺨에 갖다 대었다. "아버지는 나쁜 정원사다." 그녀가 가면서 말했다. "그러니까 우리 둘이 저 안으로 들어가서 올바로 정돈을 해야만 해."

집 안으로 들어서니 루돌프가 그녀를 맞이하였다.

"그대가 알고 있듯이, 오늘 저녁은 뮐러 사중주 악단이 연주하오." 그가 말했다. "의사들도 거기 와 계신데, 우리에게 태만 죄를 경고하려고 하지."

그들이 응접실에 들어가 손님들과 합류하였을 때, 음악에 관한 활기 있고 긴 대화가 펼쳐지고 있었다. 그 다음으로는 챙겨두어야 할 여러 집안일들이 화제가 되었다. 오늘 황폐한 정원은 화제의 대상이 되지 못하였다.

저녁 때 음악회가 열렸다. 고인이 된 대가들, 하이든과 모차르트가 청중들의 마음을 휩쓸고 지나갔고 이제는 베토벤의 C 단조 사중주(四重奏)의 마지막 화현(和絃)도 가물가물 소멸되고 있었다. 그리하여 음향들만이 아래위로 번쩍이던 장엄한 정적 대신 이제는 북적이는 청중들의 왁자지껄 떠드는 소리만이 넓은 공간에 울려 퍼졌다.

루돌프는 그의 젊은 아내의 의자 옆에 서 있었다. "끝났어, 이네스." 그는 그녀를 향해 허리를 굽히며 말했다. "아니, 들을 것이 아직도 더 있는 거요?"

그녀는 아직도 경청하고 있는 듯이 앉아 있었다. 그녀의 눈은 빈 보면(譜面)대들만이 덩그러니 놓여 있는 단상을 향하고 있었다. 이제야 그녀는 남편에게 손을 내밀었다 "집에 갑시다. 루돌프." 그녀는 일어나며 말했다. 문간에서 그들은 그들의 주치의와 부인에 의해 붙잡혔다. 이들은 이네스가 지금까지 비교적 가까운 관계를 맺어왔던 사람들이었다.

"자, 어때요?" 의사가 말하면서 아주 흡족한 표정으로 그들을 향해 고개를 끄덕였다. "그런데 말이요, 우리와 함께 갑시다. 우리 집은 바로 가시는 길에 있소. 그런 음악회에 참석하고 나서는 얼마 동안이라도 함께 앉아 있어야 하는 거요."

루돌프는 기껍게 동의하며 대답하려는데, 그때 그의 소매가 가볍게 당겨지는 것을 느꼈고, 또 그의 아내의 눈길이 애원하듯 그를 향해 있는 것을 보았다. 그는 그녀의 마음을 잘 이해했다. "저는 결정을 저보다 높은 분의 판단에 맡기겠어요," 그는 농담조로 말했다.

그리하여 이네스는 쉽게 물러서려고 하지 않는 의사를 다부지게 몰아붙이고, 다른 날에 회동할 것을 위로로 삼게 했다.

그들이 친구 집에서 작별을 하고 나왔을 때, 그녀는 해방이 된 듯 긴 숨을 내쉬었다.

"그대는 오늘 의사 부부에 대해 무슨 불편한 감정을 지니고 있는 거요?" 루돌프가 물었다.

그녀는 남편의 팔에 꼭 매달렸다. "아무것도 아니에요." 그녀가 말했다. "그러나 오늘 저녁은 너무나 아름다웠어요. 나는 이제 오직 그대하고만 있고자 해서예요."

그들은 집을 향해 재빨리 걸음을 재촉했다.

"저기 좀 보아요," 그가 말했다. "아래층 거실에 벌써 불이 켜져 있소. 우리의 늙은 안네(Anne)가 벌써 차 테이블을 차려 놓았을 것이오. 그대 말이 맞았소. 집에 있는 것이 역시 다른 사람들 집에 있는 것보다 훨씬 나아요."

그녀는 그저 머리를 끄덕이고 가만히 그의 손을 꼭 쥐었다. — 그러고 나서 그들은 집 안으로 들어갔다. 그녀는 응접실 문을 활기차게 열고 커튼을 젖혔다.

한때 장미꽃들을 담은 화병이 있었던 식탁 위에 이제는 커다란 청동 램프가 불타면서, 가냘픈 팔 위에 엎어져 자는 검은 머리채를 지닌 아이의 두부(頭部)를 비추고 있었다. 그림책의 모서리들이 팔 밑으로 비쭉 튀어나와 있었다.

젊은 부인은 얼어붙은 듯 문간에 서 있었다. 아이는 그녀의 사고(思考) 범위에서 온통 사라졌었다. 그녀의 아름다운 입술 주변에 씁쓸한 실망의 기색이 역력하였다. 그녀의 남편이 그녀를 완전히 방 안으로 인도하였을 때, 그녀는 "네시, 너 말이다!' 내뱉듯이 말했다. "너는 도대체 아직도 여기서 무얼 하고 있는 거냐?"

네시는 잠에서 깨어나 벌떡 일어섰다. 아이는 살며시 미소지으며 깜빡이는 눈을 손으로 비비며 말했다. "나는 두 분을 기다리고 싶었어요."

"그건 안네가 잘못한 일이야. 너는 오래전에 침대에 누워 있었어야 했는데."

이네스는 몸을 획 돌려 창가로 걸어갔다. 그녀는 눈에서 눈물이 솟구치고 있음을 느꼈다. 어떤 걷잡을 수 없는 쓰디쓴 감정들의 응어리가 가슴 속에서 부글거리고 있었다. 향수, 자기 자신에 대한 연민, 사랑하는 남편의 자식을 대함에 있어 그녀 자신의 애정 없는 태도에 대한 회한. 그녀는 그 모든 것이 어떻게 하여 이제 그녀를 압도하게 되었는지를 깨닫지 못하였다. 하지만 이제 쾌락의 고통과 불의(不義)를 느끼며 그녀는 자신에게 선언하였다 — 바로 이것이었다. 그녀의 결혼에 젊음이 결여되었고, 그녀 자신은 아직 한창 젊었도다!

그녀가 몸을 돌이켰을 때, 방은 텅 비어 있었다. — 그녀가 기대했던 아름다운 시간은 어디에 있었나? — 그녀는 그녀 자신이 시간을 쫓아버렸다고는 생각하지 않았다.

상황이 이해되지 않아 거의 놀란 눈으로 바라보던 아이를 아버지가 조용히 밖으로 데리고 나갔다. 그가 네시를 팔로 휘감은 채 계단을 올라가며 혼잣말로 "참아야 해," 하고는 다른 의미에서 이렇게 보태며 말했다. "그녀가 아직도 젊디젊다는 것은 사실이야."

일련의 상념들과 계획들이 그의 마음속에서 솟아올랐다. 네시와 함께 자고 진작부터 기다리고 있던 늙은 안네의 방문을 그는 기계적으로 열었다. 그는 어린 소녀에게 키스하고 말했다. "내가 유모(Mama)에게 너의 밤 인사를 전해줄게." 그 다음 그는 계단을 내려가 아내에게로 가고자 했다. 그러나 그는 다시 발길을 돌려 복도의 끝에 있는 서재로 들어갔다.

책상 윗부분 장식대 위에는 폼페이산 작은 청동 램프 하나가 얹혀있었는데, 그것은 그가 최근에 구입하여 시험 삼아 등유를 채워 넣었다. 그는 그것을 끌어내려 불을 붙인 다음 다시 고인이 된 여인의 초상화 밑 그것이 있던 자리에 다시 올려놓았다. 그리고는 책상 위에 있는 꽃들이 담겨진 유리잔을 그 옆에 놓았다. 그는 이런 행동을 거의 아무 생각 없이 했다. 그의 마음과 머릿속에서 여러 기억이 작용하고 있는 동안 그가 손에 그저 어떤 일거리를 주어야 할 것 같은 기분에서 행한 것이었다. 그리고는 그는 옆 창가로 바싹 다가가서 창문 두 짝을 열어 젖혔다.

하늘이 구름들로 덮여 있어서 달빛은 내려올 수가 없었다. 작은 정원 저 밑에는 무성한 관목 숲이 육중한 물체처럼 놓여있었다. 등나무 오두막으로 이어지는 오솔길이 검은 피라미드 모양의 송백나무들 사이로 나있고, 그 사이사이로 조약돌이 내비치고 있었다.

그리고 이 고독한 풍경을 내려다보고 있던 남자의 환상으로부터 이제는 더 이상 생존자들의 세계에 속해있지 않은 한 사랑스러운 자태가 걸어 나왔다. 그는 그녀가 저 밑 오솔길 위를 사뿐사뿐 걸어가는 모습이 보여, 마치 그가 그녀 옆에서 걷고 있다는 느낌이 들었다.

"그대에 대한 추억이 나로 하여금 강건한 사랑을 품도록 해 주어요," 그가 말했다. 하지만 죽은 여인은 대답하지 않았다. 그녀는 아름답고 창백한 머리를 땅 밑으로 그냥 숙이고 있었다. 그는 감미로운 전율과 함께 그녀의 인접을 느끼고 있었으나, 그녀로부터 말은 나오지 않았다.

그때 그가 아주 홀로 이 지상에 서 있다는 생각이 들었다. 그는 죽음의 엄연한 실재를 믿고 있었다. 그녀가 이 지상에 있었던 시간은 지나갔다. 그러나 그의 발밑에는 옛날처럼 여전히 그녀의 부모의 정원이 있었다. 그곳에서 제일 처음 그는 책들에서 눈을 떼고 창문을 통해 열다섯 살이 될까 말까한 소녀를 바라보았었다. 그리하여 금발머리를 땋은 소녀는 진지한 남자의 마음을 사로잡기 시작했고, 연정은 지속되어 끝내는 그녀가 부인이 되어 그의 집 문턱을 넘었고, 그에게 모든 것을 그리고 그 이상을 가져다주었다. — 행복과 즐거운 활동의 시절이 그녀와 함께 시작되었다. 그녀의 부모가 일찍 돌아가시고 살던 집이 팔렸을 때 그들은 작은 정원을 보유하였고 경계 담장에 작은 문을 내어 그들 저택의 큰 정원과 연결시켜 놓았던 것이다. 그 당시에 이미 이 작은 문은, 그들이 제멋대로 자라도록 내버려 둔 축 늘어지는 잡목들에 의해 거의 감추어져 있었다. 그도 그럴 것이 그들은 바로 이 문을 통해 그들의 여름나기의 가장 은밀한 장소로 들어갔던 것이고, 가까운 친구들까지도 그 안으로 인도되는 일은 극히 드물었다. — 그가 한때 창문에서 학교 숙제들을 하느라고 정신이 없는 연인 소녀의 말을 몰래 귀 기울여 듣곤 했던 갈대 오두막에 이제는 금발 어머니의 발치에 검은 사색적 눈빛을 한 어린아이가 앉아있었다. 그리하여 그가 그의 작업에서 머리를 돌릴 때마다 그는 인생의 가장 충만한 행복을 일견(一見)하였던 것이다. — 그러나 은밀히 죽음은 그 안에 죽음의 씨를 뿌렸었다. 그것은 어느 유월 초순에 일어났다. 중병에 걸린 여인의 침대가 옆 침실에서 그녀 남편의 서재로 옮겨졌다. 그녀는 그녀의 행복이 깃든 정원에서 열린 창문을 통해 불어오는 바람 공기를 그녀 주변에서 접하고자 했다. 큰 책상은 옆으로 밀어놓았다. 그의 생각은 온통 오직 그녀에게 쏠려 있었다. — 밖에는 비할 나위 없는 봄의 향연이 펼쳐져 있었다. 벚꽃 나무 한 그루가 눈을 맞은 듯 꽃잎들로 뒤덮여있었다. 무의식적 충동에서 그는 가냘프고 아리따운 몸을 침상에서 들어내어 창가로 데려다 놓았다. "오, 다시 한 번 내다보아요! 이 세계는 정말 얼마나 아름답소!"

그러나 그녀는 가만히 머리를 흔들며 말했다. "제겐 그것이 더 이상 보이지 않아요." — 그리고는 얼마 안 있어 어떤 한 계점에 다다랐다. 즉 그녀의 입에서 뛰쳐나오는 속삭임을 이제는 더 해득할 수가 없었다. 생명의 불꽃은 점점 더 연약하게 타올랐다. 오직 고통스러운 경련만이 아직은 입술을 움직였고, 목숨을 지탱하려는 싸움에서 숨결은 거칠어지고 끙끙대었다. 그러나 그것은 더 나지막하게, 점점 더 나지막하게, 드디어 벌들의 웅얼거리는 소리같이 감미로워졌다. 그러더니 다시 한 번 어느 푸른 광선이 열려 있는 눈 속을 지나가는 듯이 느껴졌다. 그리고는 평온이 감돌았다.

"잘 자요, 마리(Marie)!" — 그러나 그녀는 그것을 더 이상 듣지 못했다.

하루가 더 지났다. 그리하여 고요하고 고귀한 자태는 아래층의 크고 어둑어둑한 방에 놓인 관 속에 안치되어 있었다. 저택의 하인들은 가만가만 걸어 다녔고, 그는 방 안에 딸아이 옆에 서 있었고, 늙은 안네는 아이의 손을 잡고 있었다.

"네시," 노파가 말했다. "너 정말 무섭지 않지?"

죽음의 숭고함에 감응된 아이가 대답했다. "무섭지 않아요, 안네, 저는 기도하고 있어요."

그 다음으로 바로 그 마지막 길의 차례가 되었다. 그 길을 다시 한 번 그녀와 걷는 것이 그에게 허용되었다. 그들 두 사람의 뜻에 따라 성직자와 교회 종소리가 없이 진행되었지만, 그것은 성스러운 새벽에 이루어졌고, 첫 번째 종달새 무리는 바로 그때 하늘 높이 솟아오르고 있었다.

그것은 지나갔다. 그러나 그는 그녀를 아직도 그의 고통속에서 간직하고 있었다. 그녀는, 보이지는 않았지만, 여전히 그와 함께 살고 있었다. 그러나 눈치 채임이 없이 그것마저도 사라져버렸다. 그는 가끔 불안한 마음으로 그녀를 찾기도 했지만, 그녀를 찾아내는 경우는 점점 더 드물게 되었다. 이제 비로소 그의 집은 그에게 무시무시할 정도로 공허하고 황량하게 보였다. 구석구석마다 전에는 거기 없던 어떤 어두움이 자리 잡고 있었다. 그의 주위는 이상야릇하게 달라져 버렸고, 그녀는 어디에도 없었다.

달은 뿌연 구름에서 빠져나와 저 아래 놓여 있는 황량한 정원을 비추고 있고 그는 머리를 십자 창문에 기댄 채 같은 자리에 그냥 서 있었다. 그러나 그의 눈은 저 밖에 있는 것을 더 이상 보지 않았다.

그때 그의 등 뒤에서 방문이 열리더니 어두운 미모를 지닌 한 여인이 들어왔다.

그녀 옷자락의 가볍게 스치는 소리가 그의 귓가에까지 도달했던 것이다. 그는 머리를 돌려 그녀를 찬찬히 바라보았다.

"이네스!" 그가 소리쳤다. 그가 그 말을 내뱉기는 했지만, 그는 그녀를 향해 발걸음을 떼지 않았다.

그녀는 멈칫하고 섰다. "어디가 불편해요, 루돌프? 나를 보고 놀라는 건가요?"

그는 머리를 절레절레 흔들었고 미소를 지으려고 애썼다. "와요," 그가 말했다. "우리 저 아래로 내려가요."

그러나 그가 그녀의 손을 잡고 있는 동안 그녀의 시선은 램프에 의해 비추어진 초상화와 그 옆에 놓인 꽃들 위에 와 닿았다. ― 갑작스러운 깨달음 같은 것이 그녀의 얼굴모습을 스쳤다. ― "그대의 방은 정말 예배당 같아요," 그녀가 말했고, 그녀의 말에는 어떤 냉정하고 적의가 있는 듯한 느낌이 깃들여 있었다.

그는 모든 것을 이내 알아차렸다. "오, 이네스," 그가 소리쳤다. "그대에게도 죽은 이들이 성스러운 존재가 아니겠소!"

"죽은 이들 말이죠! 누구에겐들 그들이 성스럽지 않다고 할 수 있겠어요! 하지만 루돌프," 그녀가 말하며 그를 창가로 다시금 끌고 갔다. 그녀의 손은 떨리고 있었고 그녀의 눈은 흥분으로 번쩍였다. —"현재 그대의 아내인 나에게 이제 말해 보아요, 왜 그대는 이 정원을 꽉 잠거 두고 어느 사람도 발을 들여놓지 못하게 하는 거예요?"

그녀는 손가락으로 깊숙한 내부를 가리켰다. 검은 피라미드 관목들 사이로 흰 조약돌은 유령처럼 번득였다. 그때 커다란 나방 한 마리가 위로 날아갔다.

그는 잠자코 저 밑을 바라보고 있었다. "이네스, 저것은 무덤이오." 그는 이윽고 입을 뗐다. "혹은 그대의 취향에 맞는다면, 과거의 정원도 되겠지."

그러나 그녀는 그를 열띤 눈으로 바라보았다. "나는 이 일을 더 잘 알고 있어요, 루돌프! 저곳에서 그대는 그녀와 함께 있는 거예요. 저기 저 흰 오솔길에서 그대들은 함께 걷고 있어요. 왜냐하면 그녀는 죽은 것이 아니니까, 게다가 바로 이 시각에도 그대는 그녀 곁에 있고, 그대의 아내인 나를 그녀 앞에서 지탄하고 있던 거예요. 그것은 외도예요, 루돌프, 유령과 간음하고 있는 거예요!"

그는 말없이 그녀의 허리를 팔로 부여잡고, 그녀를 반 강제로 창가에서 저리로 데려갔다. 그 다음 그는 램프를 책상에서 끌어내려 초상화를 향해 높이 치켜들었다. "이네스, 저 여인을 그저 한번만 좀 바라보구려!"

그리하여 죽은 여인의 천진한 눈이 그녀를 내려다보자, 그녀는 눈물을 쏟아내기 시작했다. "오, 루돌프, 내가 이제 느끼겠어요. 내가 나쁜 여자가 되고 있네요!"

"그렇게 울지는 말고," 그가 말했다. "나도 잘못한 점이 있소. 하지만 그대 또한 나에 대해 인내심을 가져 봐요!" 그는 책상의 한 서랍을 열고는 열쇠를 꺼내 그녀의 손에 쥐어주었다.

"이네스, 친히 정원을 다시 열어봐요! ─ 그대의 발걸음이 정원을 다시 밟는 첫 걸음이 된다면, 그것은 정말이지 나를 행복하게 만들어 줄 거요. 아마도 그녀는 혼령으로 거기서 그대와 마주치고, 그대가 자매답게 그녀의 목덜미를 팔로 껴안아 줄 때까지 그대를 그녀의 온화한 눈으로 바라볼 것이오!"

그녀는 아직도 벌린 손에 잠자코 놓여 있는 열쇠를 꼼짝 않고 바라만 보고 있었다.

"자, 이네스, 내가 그대에게 제공한 것을 받아들이지 않을 셈이오?"

그녀는 머리를 절레절레 흔들었다.

"아직은 안돼요, 루돌프, 아직은 그렇게 못해요. 후에 ─ 후에 하죠. 그때는 우리 함께 그리로 들어가요." 그리고는 그녀의 아름다운 검은 눈이 애원하며 그를 올려다보고 있는 동안, 그녀는 조용히 열쇠를 책상 위에 올려놓았다.

한 씨앗이 땅속으로 떨어졌다. 그러나 발아(發芽)의 시기는 아직 멀었다.

때는 11월이었다. 이네스가 엄마, 자기 아이의 엄마가 되고 있다는 사실을 이제는 더 이상 의심할 수가 없었다. 그러나 그것을 의식하자, 그녀를 엄습한 황홀감에 어떤 다른 것이 곧 연관되었다. 그것은 어떤 음험한 어둠처럼 그녀 위에 내려앉고, 그로부터 한 생각이 어느 사악한 뱀처럼 위로 꿈틀거리며 솟구쳐 올랐다. 그녀는 그것을 쫓아버리고자 애썼고, 그것을 피해 그녀 가정의 모든 선한 정령들에게서 안식을 얻고자 했다. 그러나 그 일념(一念)은 그녀를 끈질기게 따라다니더니 점점 더, 더욱더 강해졌다. 그녀는 단지 외부에서 한 이방인으로 이 집에, 이미 그녀 없이 완성된 삶을 내포한 가정에 들어온 것이 아니었던가? ― 그런데 제이(第二)의 결혼이라고 ― 도대체 그런 것이 존재했단 말인가? 첫 번째, 유일한 결혼은 두 사람이 죽을 때까지 지속되는 것이 아니었던가? ― 비단 죽을 때까지만이 아니라! 또한 더 멀리 ― 더 길게는 영원에 이를 때까지 말이다! 그리고 그것이 맞는다면? ― 뜨겁게 달아오른 홍조가 그녀의 얼굴을 엄습했다. 자신을 갈기갈기 찢는 듯 그녀는 가장 혹독한 단어들을 움켜쥐었다. ― 그녀의 아이 ― 아이는 친아버지 집에서 한 침입자, 한 사생아(私生兒)가 될게 아닌가!

그녀는 파국을 맞은 듯 배회했다. 그녀의 초기 행복과 슬픔을 그녀 혼자서 지니고 있었다. 그녀와 그것을 함께 나눌 우선권을 가진 남자가 염려와 의문의 눈초리로 그녀를 바라볼 때면, 그녀의 입술은 죽음의 공포를 느끼듯 꽉 다문채로 있었다.

　부부 침실에 묵직한 창 가리개들이 내려져 있고, 오직 그 사이의 가느다란 틈을 통해서만 한 줄기 달빛이 스며들어 왔다. 괴로운 생각들에 시달리며 이네스는 잠이 들었는데 이제 악몽이 들어섰다. 그녀는 그것을 알고 있었다. 즉 그녀는 머물러 있을 수 없고, 이 집에서 나가야 하고, 오직 작은 보따리 하나만을 가지고 멀리, 멀리 떠나 — 그녀의 어머니에게 가서는, 결코 다시는 돌아오지 않기로 작정했다! 정원의 뒷담을 이루고 있던 가문비나무들 뒤쪽에 한 작은 문이 정원에서 넓은 들로 인도하였다. 열쇠는 주머니에 갖고 있고, 그녀는 이제 당장 — 떠나고자 하였다.

　달빛은 침상에서 베개 쪽으로 움직였고, 이제 그녀의 아름다운 얼굴은 창백한 달빛에 온통 감싸여있었다. — 그때 그녀는 몸을 일으켜 세웠다. 소리를 내지 않고 그녀는 침대에서 빠져나와 맨발로 그녀 앞에 놓인 신발을 신었다. 이제 그녀는 흰 잠옷을 입은 채 방 한복판에 서 있었다. 그녀의 검은 머리는, 그녀가 습관적으로 밤에 다듬어놓았던 대로, 두 편발을 이루며 그녀 가슴 위로 흘러내렸다. 그러나 그녀의 보통 때의 그처럼 탄력적인 몸매는 오그라든 듯하였다. 그것은 마치 잠의 하중이 아직도 그녀를 짓누르고 있는 듯하였다. 손을 앞으로 내밀어 더듬으며 그녀는 방을 빠져나왔다. 그러나 그녀는 아무

것도, 한 작은 꾸러미도, 열쇠도 챙기지 못했다. 그녀가 손가락으로 의자에 놓여 있는 그녀 남편의 옷을 스쳤을 때, 그녀는 한순간 주춤했는데, 그것은 마치 어떤 다른 의상(意想)이 그녀의 마음속에 떠오르는 것 같았다. 하지만 그녀는 곧바로 가만히 또 위엄 있게 침실 방문을 빠져나와 계속해서 층계를 내려갔다. 그때 아래층 홀에서는 앞문의 자물쇠가 댕그랑거렸고, 찬바람이 그녀를 엄습했고, 밤바람은 그녀 가슴 위에서 무거운 편발들을 들어올렸다.

그녀의 뒤에 있는 어두컴컴한 수풀을 그녀가 어떻게 지나왔는지 그녀는 알지 못했다. 그러나 이제 그녀는 사방 덤불에서 터져 나오는 소리를 들었다. 추적자들은 그녀를 뒤쫓고 있었다. 그녀 앞에 한 커다란 문이 솟아올랐다. 그녀의 작은 손으로 온 힘을 다해 그녀는 문의 한 짝을 열었다. 어느 황량하고 끝 간 데를 모를 황무지가 그녀 앞에 펼쳐져 있었다. 그리고는 갑자기 부지런히 질주를 하며 그녀를 향해 치달았던 커다란 검은 개들로 붐볐다. 그녀는 붉은 혀들이 입김을 내뿜는 목구멍에서 축 늘어져 있는 것을 보았다. 그녀는 그것들의 짖는 소리가 더 가까이에서 또 더 크게 울려 퍼지는 것을 들었다.

그 순간 그녀의 반쯤 감겼던 눈이 떠졌고, 그녀는 차츰차츰 그녀가 처한 상황을 파악하기 시작했다. 그녀는 바로 큰 정원 안에 들어와 서 있다는 사실을 깨달았다. 그녀의 한 손은 아직도 격자 철문의 손잡이를 쥐고 있었다. 그녀의 가벼운 잠옷은 바람에 너울거렸다. 입구 옆에 있는 보리수나무들로부터는 노란 나뭇잎들이 우수수 어지럽게 떨어졌다. — 그런데 — 저것은 또 무엇이었지? 저쪽 전나무 숲으로부터 그녀가 조금 전에 들었다고 믿었던바 그대로 지금도 역시 어느 개 짖는 소리가 울려 퍼졌다. 그녀는 분명히 무엇인가가 메마른 나뭇가지들을 헤치고 들어오는 소리를 들었다. 어떤 극도의 공포가 그녀를 엄습했다. — 그러더니 다시금 개 짖는 소리가 요란하게 울려 퍼졌다.

"네로," 그녀가 말했다. "네로구나."

하지만 그녀는 저택의 검은 목양견(Shepherd 셰퍼드)과 한 번도 친해진 적이 없었다. 그리고 그녀는 무심결에 실제 동물이 꿈속의 냉혹한 짐승들과 하나가 되도록 내버려두었다. 그리고 그녀는 이제 그놈이 잔디밭의 저편에서 그녀를 향해 껑충 껑충 달려오는 것을 보았다. 역시 그놈은 그녀 앞에 와 고분하게 앉아서는 알 수 없는 기쁨의 소리를 낑낑 질러대면서 그녀의 맨발들을 핥아댔다. 그와 동시에 발자국 소리가 들려오더니, 그 다음 순간 남편의 팔이 그녀를 껴안았다. 안심이 되어 그녀는 머리를 그의 가슴에 파묻었다.

개 짖는 소리에 잠이 깬 그는 자기 옆 그녀의 잠자리가 비어 있는 것을 보았다. 한 검은 물결이 갑자기 그의 내면의 눈앞에서 번득였다. 못은 그들의 정원 뒤편에서 천 보(步)쯤 떨어진 거리에서 오리나무 숲을 가로지르는 들길 옆에 있었다. 요 며칠 전에 그는 자신이 이네스와 같이 물가 가장자리에 서 있는 것을 보았다. 그는 그녀가 갈대가 있는 곳으로 내려가 조금 전에 길가에 모아두었던 돌멩이 하나를 깊은 곳으로 던지는 것을 보았다. "돌아와, 이네스!" 그가 소리를 질렀었다. "거기는 안전하지 않아." 그러나 그녀는 여전히 거기 서 있었고, 우수(憂愁)에 젖은 눈으로 검은 수면 위에서 천천히 번져나가고 있는 소용돌이들을 응시하고 있었다. 그가 결국 그녀를 그의 팔에 안고 밖으로 끌고 나왔을 때 그녀는 "저 깊이는 아마 헤아릴 수 없겠죠?" 그녀가 물었다.

그가 안뜰로 내려가는 계단을 황급히 내려갈 때, 모든 것이 걷잡을 수 없이 주마등처럼 그의 머릿속을 스쳐 지나갔다. 그 당시도 그들은 그들의 저택을 나와 정원을 통해 그리로 갔었다. 그런데 이제 그가 옷을 제대로 걸치지도 않은 그녀를 여기서 찾아냈는데, 그녀의 아름다운 머리는 아직도 나무에서 방울져 떨어지는 이슬로 젖어 있었다.

그는 그리로 내려오기 전에 어깨에 걸치고 왔던 숄로 그녀를 감쌌다. "이네스," 그가 말했다—그의 심장이 너무나 맹렬히 뛰고 있어서 거의 거칠게 말을 내뱉었다. —"웬일이요? 어떻게 이리로 왔소?"

그녀는 오싹하며 움츠러들었다.

"모르겠어요, 루돌프 — 그냥 떠나고자 했어요. 꿈을 꾸었는데, 오, 루돌프, 그것이 어떤 무시무시했던 것은 틀림없어요."

"꿈에 시달렸단 말이오? 정말이지, 꿈에 시달렸구려!" 그는 되풀이해서 말하고는 어느 무거운 짐에서 벗어난 듯 한숨을 푹 내쉬었다.

그녀는 단지 고개를 끄덕였고 어린애처럼 집 안으로 또 그들의 침실로 인도하도록 자신을 내맡겼다.

그가 팔에서 그녀를 사뿐히 내려놓을 때, 그녀가 말했다. "그대는 너무 말이 없네요. 정말 내게 화를 내고 있는 거예요?"

"내가 어찌 화를 내겠소, 이네스! 나는 그대로 인해 노심초사했소. 그대는 전에도 그런 식으로 꿈을 꾼 적이 있소?"

그녀는 처음엔 고개를 절레절레 흔들었으나 조금 있다가 생각을 가다듬으며, "그래요 — 한 번 그런 적이 있었죠. 하지만 무시무시한 것은 아니었어요."

그는 창가로 걸어가 휘장들을 옆으로 제치니 달빛이 방 안으로 쏟아져 들어왔다.

"나는 그대의 얼굴을 보고 있어야만 해요." 그가 말하면서 그녀를 침대의 가장자리에 내려놓고 자신도 그 옆에 앉았다.

"그 당시 어떤 멋진 꿈을 꾸었는지 얘기해주겠소? 큰 목소리로 말하지 않아도 되오. 이 달빛 속에서는 아주 나지막한 음향도 귀에 들린다오."

그녀는 머리를 그의 가슴에 얹고서 그를 올려다보았다.

"그대가 그것을 알고자 한다면 말이요," 그녀는 곰곰이 생각하며 말했다. "그때가, 내가 믿기에, 제 생일날이었어요. 나는 아이, 아기 예수에게 온통 반했었죠. 나는 내 인형들을 더 이상 쳐다보기가 싫었어요."

"아기 그리스도 말이오, 이네스?"

"그래요, 루돌프," 그리고는 휴식을 취하려는 듯 보다 아늑하게 그의 팔에 안겼다. "제 어머니가 제게 그림을 선사했는데, 그것은 아기를 안은 마돈나였어요. 그것은 거실 내 공부 책상 위에 액자에 담긴 채 예쁘게 걸려 있었죠.

"그걸 알고 있소." 그가 말했다. 그것은 아직도 거기 걸려 있소. 그대의 어머니는 어린 소녀 이네스를 기억하기 위하여 그것을 간직하고자 했소."

"오, 내 사랑하는 어머니!"

그는 그녀를 더욱더 꼭 껴안았다. 그러면서 그가 말했다. "내가 더 들어도 되겠소, 이네스?"

"그럼요! 하지만 저는 부끄러워요, 루돌프." 그리고는 낮은 목소리로 주저하며 계속해 말했다. "저는 그날 온통 아기 그리스도에게만 눈이 팔려 있었어요. 저의 놀이 동무들이 거기 와 있었던 오후에도 말이에요. 저는 살그머니 빠져나가 작은 입 앞의 유리에다 대고 키스를 퍼부었어요. — 제게는 온통 그것이 살아 있는 것같이 느껴졌어요. — 제가 그 아이를 그림 속의 어머니처럼 안을 수만 있었다면!" — 그녀는 입을 다물었다. 그녀의 목소리는 마지막 말을 할 때는 속삭이는 숨결처럼 내려앉았다.

"그 다음은요, 이네스?" 그가 말했다. "그런데 그대는 너무 마음을 졸이며 얘기하는구려!"

"아니, 그렇지 않아요, 루돌프! 그런데 — 그 일이 있었던 그날 밤에도 나는 또 꿈을 꾸다가 일어난 게 분명해요. 왜 그런가하면 그 다음 날 아침에 그들은 내가 침대에서 그림을 팔에 안고서 깨진 액자 유리 위에 머리를 올려놓고 잠이 들어 있는 것을 발견했대요."

한동안 방 안은 죽은 듯이 고요했다.

"그럼 지금은요?" 그가 어떤 불안한 예감 속에서 묻고 나서 깊고도 애틋하게 그녀의 눈을 바라보았다. "도대체 오늘 무엇이 그대를 내 옆에서 떼어내어 밤 속으로 내몰았단 말이오?"

"지금이요, 루돌프?" — 그는 그녀의 사지가 떨려오고 있음을 느꼈다. 갑자기 그녀는 그의 목을 두 팔로 얼싸안고 숨막히는 목소리로 불안에 휩싸인 혼란스러운 말들을 속삭였는데, 뜻을 그가 이해할 수가 없었다.

"이네스, 이네스," 그가 말하면서 근심에 찬 아름다운 그녀의 얼굴을 그의 두 손으로 감쌌다.

"오, 루돌프! 저를 죽게 내버려 둬요. 하지만 우리의 애는 쫓아내지 말아요!"

그는 그녀 앞에 무릎을 꿇고 앉아 그녀의 두 손에 키스를 퍼부었다. 그는 메시지만을 듣고 그것이 통고되는 불길한 말의 맥락을 못 들었다. 그의 영혼으로부터 모든 검은 그림자는 날아가 버렸고, 희망에 벅차 그녀를 올려다보며 그는 가만히 말했다.

"이제 모든 것, 모든 것은 방향전환을 해야 해!"

시간은 흘러갔다. 하지만 어둠의 세력들은 아직은 정복되지 않았다. 단지 마지못해 그녀는 네시의 요람시절부터 아직 남아있는 물건들을 그녀의 소규모 갓난아기 용품 일체(一切)에 합쳐놓았고, 작은 모자들과 재킷들을 기워가며 많은 눈물을 흘렸다.

네시도 어떤 일상적이지 않은 일이 준비되고 있다는 것을 눈치 챘다. 큰 정원을 향해 있는 이층 작은 방 하나가 굳게 잠겨 있었는데, 보통 때는 그 안에 그녀의 장난감들이 보관되어 있었다. 그녀는 열쇠구멍으로 힐끔 안을 들여다보았는데, 거기엔 어둑하고 장엄한 분위기가 감돌고 있는 것 같았다. 그리고 아이가 사람들이 복도에 내다놓은 그녀의 인형 부엌을 늙은 하녀 안네의 도움을 받아 다락방으로 가져다놓았을 때, 그녀는 거기서 초록색 호박단 차양이 있는 요람을 찾아보았으나 헛된 일이었다. 그것은, 그녀가 기억하는 한, 여기 비스듬한 채광창 아래 있었다. 그녀는 호기심에 차서 이 구석 저 구석을 살펴보았다.

"무슨 일로 너는 검사관처럼 돌아다니고 있니?" 노파가 물었다.

"그래요, 안네, 그런데 제 요람은 어디로 갔나요?"

노파는 교활하게 미소 지으며 말했다. "황새가 네게 어린 남동생을 가져다주면, 네 마음이 어떻겠니?"

네시는 당황해서 올려다보았다. 그런데 소녀는 자기에게 그런 식으로 말을 걸어오는 것은 그녀의 열한 살 난 품위가 손상된다고 느꼈다. "황새라니요?" 아이가 경멸조로 말했다.

"자, 그렇다니까, 네시!"

"내게 그런 식으로 얘기하면 안 돼요, 안네. 꼬마 어린애들은 그런 걸 믿죠. 그렇지만 나는 그것이 허튼소리인 줄 잘 알고 있어요."

"그런가? — 똘똘이 아가씨, 네가 그런 것을 더 잘 알고 있다면 말이지, 그런 일을 벌써 수 천 년 동안 해온 황새가 아기들을 가져다주지 않는다면, 새 아기들은 도대체 어디서 오는 걸까?"

"그들은 사랑하는 하느님으로부터 와요." 네시는 격앙되어 말했다. "그들은 눈 깜짝할 사이 벌써 와 있는 걸요."

"하느님 맙소사!" 노파는 소리쳤다. "오늘날 애송이들은 정말 얼마나 똑똑한가! 그런데 네 말이 맞다, 네시. 사랑하는 하느님이 황새로 하여금 직분을 내려놓게 했다는 것을 네가 확실히 알고 있다면, — 나 자신 그렇게 믿고 있고, 또 그분은 모든 것을 혼자 처리할 수 있을 것이야. — 자, 그런데, 아이가 정말 돌연히 거기 와있다면, 남동생 아기가 — 아니, 네가 여동생 아기를 원했던가? — 귀여운 네시, 기뻐하겠니?"

네시는 여행 트렁크에 자리 잡고 앉아 있는 노파 앞에 서 있었다. 미소가 그녀의 작고 진지한 얼굴을 환하게 만들었다. 그러나 다음 순간 그녀는 곰곰이 생각해 보는 듯하였다.

"자, 귀여운 네시," 노파가 다시 추궁했다. "애기가 너를 기쁘게 할까?"

"그럼요, 안네," 그녀는 드디어 말했다. "저는 아마도 작은 누이동생이 갖고 싶은데, 아버지도 확실히 기뻐하실 거예요, 하지만 —"

"자, 귀여운 네시, 무엇이 아직도 네 마음에 걸린단 말이냐?"

"하지만," 네시는 되풀이하고 다시 한 순간 곰곰이 생각해 보는 듯 멈칫하였다. "— 그래도 그 아이는 어머니가 없을 텐데요!"

"무어라고?" 노파는 깜짝 놀라 소리치고는 안간힘을 쓰며 트렁크에서 일어났다. "그 아이는 어머니가 없다고? 내 생각에 너는 배운 것이 너무 많아, 네시. 어서, 내려가자꾸나! —
내 말 들리니? 두 시를 치고 있어! 서둘러 학교 갈 준비를 해
라!"

벌써 봄의 첫 질풍들이 집 주위에 몰아치고 있었다. 때는
가까워오고 있었다.

"내가 이번에 살아남지 못한다면," 이네스는 생각했다.
"그래도 그 양반이 나를 기억해 줄지?" 겁먹은 눈초리를 하고
그녀는 말없이 그녀와 그녀의 장래 운명을 기다리는 방문을
지나갔다. 마치 그녀가 깨우기를 두려워하고 있는 무엇이 그
안에 있는 듯이 그녀는 가만 가만 발걸음을 옮겼다.

그리고 드디어 집에는 한 아이, 둘째 딸아이가 태어났다.
바깥쪽에서 연초록 나뭇가지들이 창문을 두드리고 있었다.
그러나 안쪽 방 안에는 젊은 어머니가 창백하고 몰골사납게
누워있었다. 볕에 그을려 만들어진 뺨의 따스한 갈색은 사라
져버렸다. 그러나 그녀의 눈에는 몸을 불사르는 불꽃이 이글
거렸다. 루돌프는 침대 옆에 앉아 그녀의 가느다란 손을 꼭 쥐
었다.

이제 그녀는 힘들여 방 반대편에 있는 늙은 안네의 모자
아래 요람 쪽으로 머리를 돌렸다. "루돌프," 그녀는 기운 없이
말했다. "한 가지 청이 더 있어요."

"한 가지 더라고, 이네스? 나는 그대로부터 더 많은 청을

받아들일 것이오."

그녀는 슬프게 그를 바라보았다. 하지만 일순간이었다. 그녀의 눈은 다시 성급히 요람 쪽으로 향했다. "그대가 아시다시피," 그녀는 점점 더 힘들게 숨을 쉬며 말했다. "저의 초상화가 없어요! 그대가 항상 원했던 것은 그것이 대가에 의해 그려져야 한다고 하는 것이었죠. — 우리는 명인(名人)을 더 기다릴 수가 없어요. — 그대는 어느 사진사를 오게 할 수도 있을 텐데, 루돌프. 설명하기가 조금 어렵네요. 그러나 — 내 아이, 이 애가 나를 더 이상 알게 되지를 못할 거예요. 아이는 어머니가 어떻게 생겼었는지를 정말 알아야만 해요."

"조금만 더 기다려줘요!" 그는 말하면서 목소리에 용기 있는 음조를 띄우려고 애썼다. "지금은 그대가 너무 자극을 받은 것 같아. 그대의 두 볼이 다시 복스럽게 될 때까지 기다려줘요.!"

그녀는 양손으로 이불 위에 길고 광택을 풍기며 놓여 있는 그녀의 검은 머리를 쓰다듬으며 거의 미친 것 같은 눈초리로 방 안을 둘러보았다.

"거울 하나를!" 그녀가 말하면서 베개 위로 몸을 위로 일으켜 세웠다. "저에게 거울을 하나 갖다 줘요!"

그는 저항하고자 했다. 그런데 벌써 노파가 손거울을 가져와 침대 위에 올려놓았다. 병자는 그것을 성급히 움켜쥐었다. 그러나 그녀가 그것을 들여다보았을 때, 어떤 격렬한 공포가 그녀 얼굴에 번졌다. 그녀는 수건을 집어 들고 거울유리를 닦아댔다. 그래도 그것은 달라지지 않았다. 오직 점점 더 낯설게 병든 고뇌의 면모는 그녀를 향해 응시하고 있는 것이었다.

"저게 누구야?" 그녀는 갑자기 소리 질렀다. "저건 내가 아냐! — 오, 하느님! 제 아이를 위해 그림이나 환영(幻影)은 안 돼요!"

그녀는 거울을 떨어트렸고 여윈 손으로 얼굴을 감쌌다.

그때 우는 소리가 그녀의 귓가에 울렸다. 그것은 영문 모르고 요람에서 자고 있는 그녀의 아기는 아니었다. 네시가 누구도 모르게 그 안에 잠입해 들어와 있었다. 어린 소녀가 방 한가운데 서 있었고, 계모를 바라보더니 흐느껴 울며 자기의 입술을 깨물고 있었다.

이네스는 그녀의 존재를 알아차렸다. "네가 울고 있구나, 네시?" 그녀가 물었다.

그러나 아이는 대답하지 않았다.

"왜 울고 있니, 네시?" 그녀가 거칠게 물었다.

아이의 모습은 더욱더 암울해졌다. "제 어머니 때문에요." — 그 말은 거의 반항적으로 작은 입에서 툭 튀어나왔다.

병든 여인은 한순간 움찔하였다. 그러나 다음 순간 그녀의 팔을 침대에서 쭉 뻗어 내밀었고, 아이는 자기도 모르게 그녀에게 다가왔을 때, 그녀는 아이를 격렬하게 그녀의 가슴팍에 끌어안았다. "오, 네시, 네 어머니를 잊지 마라!"

그때 작은 두 팔이 그녀의 목을 감쌌다. 단지 그녀만이 애가 속삭이는 말을 알아들었다. "저의 사랑하는, 감미로운 유모(Mama)!"

"내가 너의 사랑하는 유모(mom)이냐, 네시?"

네시는 대답하지 않았다. 애는 그저 맹렬히 베개에다 대고 끄덕였다.

"그렇다면, 네시," 이어서 아늑하고 지복한 속삭임으로 병든 여인이 말했다. "나 또한 잊지 마라, 오, 나는 정말 잊혀 지기를 원치 않아!"

루돌프는 감히 방해할 수 없는 이러한 진행 과정을 미동(微動)도 하지 않고, 반은 극도의 불안 속에서 또 반은 조용한 환호 속에서 지켜보았다. 그러나 불안이 우세했다. 이네스는 그녀의 베개 사이로 다시 쓰러졌다. 그녀는 이제는 더 말하지 않았다. 그녀는 잠이 들었다 — 돌연히.

가만히 침대에서 물러난 네시는 여동생 아기의 요람 앞에서 무릎을 꿇고 앉았다. 경탄에 차서 그녀는 방석들 위로 뻗은 작디작은 귀여운 손을 물끄러미 바라보았고, 또 조그마하고 붉은 얼굴이 비쭉 일그러지더니 작고 우스꽝스러운 사람목소리가 터져 나올 때마다 그녀의 눈은 황홀감에 차 번득였다. 아이 곁으로 가만히 다가온 루돌프는 귀여워하며 아이 머리 위에 손을 얹었다. 아이는 돌아서서 아버지의 다른 한 손에 키스했다. 그러고 나서 아이는 다시 여동생 아기를 바라보았다.

시간은 계속 앞으로 나갔다. 밖에서는 정오의 햇살이 비치고, 창마다 커튼들은 더 굳게 닫혀있었다. 벌써 오랫동안 그는 몽롱한 기대에 휩싸여, 사랑하는 아내의 침대 옆에 다시 앉아 있었다. 상념(想念)들과 형상들이 들락날락했다. 그는 그것들을 바라보지 않았다, 그는 그것들이 왔다 가도록 내버려 두었다.[05] 이미 예전에 한 번 바로 지금과 같은 적이 있었다. 어떤 스산한 느낌이 그를 엄습했다. 그에게는 두 번째 살고 있는 기분 같았다. 그는 검은 죽음의 나무가 솟아올라 그의 집을 온통 삭막한 가지들로 뒤덮고 있는 것을 다시 보았다. 그는 불안에 떨며 병든 여인 쪽을 바라보았다. 그녀는 가벼운 혼수상태에 빠져 있었다. 하지만 그녀의 가슴은 평온한 호흡 속에서 부풀어 오르곤 했다. 창문 밑 라일락꽃들 가운데서 한 작은 새가 끊임없이 노래하고 있었다. 그는 노랫소리를 듣지 않았다. 그는 지금 자신을 거미줄처럼 얽어매려고 하는 기만적 희망들을 쫓아내고자 애썼다.

오후에 의사가 왔다. 의사는 자고 있는 여인 위로 허리를 굽혀 더운 습기에 젖은 그녀의 손에 맥을 짚었다. 루돌프는 놀

---

05   시인은 여기서 주인공의 다소 비관적이고 착잡한 심경을 형상화하고 있음.

란 표정을 짓는 그의 친구의 안면을 긴장해서 들여다보았다.

"나를 아낀다고 내게 진실을 감추지 말게, 내가 모든 것을 알도록 해주게!"

그러나 의사는 그의 손을 꽉 쥐었다.

"구제(救濟)되었다네!" 그 한마디 말을 그는 가슴에 새겨두었다. 그에게 홀연히 새들의 노래가 들렸다. 온전한 생명이 도도히 다시 흘러넘쳤다. "구제되었다!" ― 그런데 그는 그녀가 광활한 밤 속으로 휩쓸려가서 이미 그녀를 잃어버렸다고 치부하고 있었다. 그는 아침의 격렬한 충격이 틀림없이 그녀를 파멸시킬 것이라고 믿었다.

그러나 그렇게 될 수 없었다.

그것은 그녀에게 구원이 되었고,
그것은 그녀를 위로 끌어올렸다![06]

시인의 이런 말 속에다 시인은 그의 모든 행복을 집약했다. 한 단어 한 단어가 음악처럼 그의 귓속에서 울렸다.

병든 여인은 여전히 자고 있었다. 그는 여전히 그녀의 침대 옆에서 기다리며 앉아 있었다. 오직 야간 등만이 이제 조용한 방에서 희미하게 비치고 있었다. 바깥 정원에서는 새소리

---

06 괴테의 희곡 《파우스트》의 마지막 장면을 연상시킴과 동시에 물에 빠진 자를 건지는 뉘앙스도 있음.

대신 이제 밤바람의 살랑대는 소리가 들려왔다. 그것은 때때로 하프의 음향처럼 솟아오르다가는 쓱 지나갔다. 어린 나뭇가지들이 창문을 가볍게 두드렸다.

"이네스!" 그가 속삭였다. "이내스!" 그는 그녀의 이름을 소리 내어 부르기를 그만 둘 수가 없었다.

그때 그녀는 두 눈을 번쩍 뜨고, 마치 그녀의 영혼이 깊은 잠에서 깨어나 맨 먼저 그에게 달려가야 할 것처럼, 시선을 확고히 또 한참 동안 그에게 머물도록 했다.

"그대가 맞죠, 루돌프?" 드디어 그녀가 입을 열었다. "제가 또 한 번 잠에서 다시 깨어났네요!"

그는 그녀를 바라보았으나, 아무리 바라보아도 실증나지 않았다. "이네스," 그가 말했다. ― 그의 목소리는 거의 겸손하게 울렸다. "나는 여기 앉아 있소, 그리고 벌써 몇 시간 동안 나는 행복을 무거운 물체처럼 내 머리 위에 이고 가고 있소. 내가 그것을 이고 가도록 도와줘요, 이네스!"

"루돌프!" 그녀는 강한 몸짓으로 몸을 바로잡았다.

"그대는 살게 될 거요, 이네스!"

"누가 그렇게 말했어요?

"의사인 내 친구가. 나는 그가 틀리지 않았다는 것을 알아."

"살다니! 오, 나의 하느님! 살다니! ― 내 자식을 위해서, 그대를 위해서요!"

그녀에게 갑자기 어떤 기억이 떠오르는 것 같았다. 그녀는 두 손으로 남편의 목을 얼싸안고 그녀의 입을 그의 귀에 갖다 댔다. "그리고 그대의, 아니, 그대들의, 아니, 우리들의 네시를 위하여!" 그녀가 속삭였다. 그 다음 그녀는 그의 목을 풀어주고는, 그의 두 손을 잡으면서 그를 향해 부드럽고 다정하게 말했다. "내 마음이 그처럼 홀가분하네요!" 그녀가 말했다. "왜 그 밖의 모든 것이 그렇게 어려웠는지를 정말 이제는 더 모르겠네요!" 그러고는 그에게 고개를 끄덕이며. "정말 두고 봐요, 루돌프. 이제 좋은 시절이 오고 있네요! 그런데 말이에요—" 그렇게 말하면서 그녀는 머리를 치켜들고 그녀의 눈을 그의 눈에 바짝 맞대놓았다. "나는 그대의 과거에 참여해야 하고, 그대는 그대의 모든 행복을 내게 얘기해주어야만 해요! 그리고, 루돌프, 그녀의 감미로운 초상화는 우리가 공동으로 사용하는 방에 걸려 있어야 해요. 그대가 내게 얘기를 해준다면, 그녀는 그 자리에 있어야 해요!"

그는 지복(至福)한 사람같이 그녀를 바라보았다.

"그래요, 이네스, 그녀는 그 자리에 있어야겠지요!"

"그리고 네시 말예요! 나는 그 애한테 내가 그대로부터, 아이 어머니에 관해 들은 바를 다시 얘기해주겠어요. 그러니까 아이 연령에 적합한 것만 말이죠, 루돌프. —"

그는 말없이 그냥 고개를 끄덕일 수밖에 없었다.

"네시는 어디에 있죠?" 그녀가 물었다. "나는 그 애에게 잘 자라는 키스를 다시 해주고 싶어요!"

"그녀는 자고 있어, 이네스," 그가 말하고는 부드럽게 그의 손으로 그녀의 이마를 쓰다듬었다. "정말 자정이 되었어!"

"자정이군요! 그렇다면 그대도 눈을 붙여야 해요! 그런데 나는요 — 루돌프, 나를 놀려대지 말아요, — 배가 고파요, 무얼 좀 먹어야 해요! 그리고는 좀 있다가, 요람을 내 침대 앞으로요, 아주 가까이 말이죠, 루돌프! 그런 다음, 나도 잘 거예요. 그렇게 느끼고 있어요. 그대는 정말 이제 가도 좋아요."

그는 여전히 머물러있었다.

"나는 먼저 그것을 즐겨야 하오!" 그가 말했다.

"즐긴다고요?"

"그래요, 이네스, 완전히 새로운 것이오. 나는 그대가 음식을 먹는 모습을 보고자 하오!"

"아이, 당신도!"

그리하여 그가 그런 즐거움을 만끽한 후, 그는 간호부와 같이 요람을 그녀 침대 앞에다 끌어다 놓았다.

"잘 자요! 난 결혼식 날에 다시 한 번 잠이 드는 기분이 들어요."

하지만 그녀는 행복에 겨워 미소 지으며 아이를 가리켰다.

그리고 곧 모든 것은 고요했다. 그러나 검은 죽은 나무가 집 지붕 위로 가지를 뻗었다. 저 멀리 황금빛 곡식 들판에서 잠을 유혹하는 붉은 양귀비가 부드럽게 고개를 끄덕였다. 또 다른 풍성한 수확이 임박했다.

그리고 때는 다시금 장미의 계절이었다. 큰 정원의 넓은 통로 위에 즐거운 탈것이 하나 멎어 있었다. 네로는 완연히 앞서 나갔다. 그도 그럴 것이 그놈은 인형 유모차가 아니고 진짜 유모차에 묶여 마구를 단 채 침착하게 가만히 서 있었고, 네시는 이제 그놈의 힘센 머리통에 마지막 버클을 조였다. 늙은 안네는 작은 수레의 차양에 허리를 굽히고 밑에 있는 방석들을 이리저리 매만졌는데, 가운데에는 아직 이름도 없는 집안의 딸따니가 큰 눈망울을 굴리며 누워있었다. 그런데 벌써 네시가 소리 지르고 있었다. "이랴, 쩌쩌, 늙은 네로!" 그리하여 작은 행렬은 위엄 있는 보조로 그들의 일상 드라이브를 하기 위해 움직이기 시작했다.

　　루돌프는 어느 때보다도 아름답게 그의 팔에 매달려 있던 이네스와 같이 미소를 지으며 그 장면을 구경하고 있었다. 이제 그들은 그들 자신의 산책을 하였다. 그들은 담장을 따라 옆으로 관목 숲들을 지나 걸어갔다. 그리고 얼마 안 있어 그들은 여전히 굳게 잠겨 있는 작은 문 앞에 와 서 있었다. 관목 덤불은 이전처럼 아래로 축 쳐져있지는 않았다. 격자 받침대 하나가 그 밑에 만들어져 있어서 사람들은 잎사귀로 그늘진 퍼걸러 길을 지나오듯 거기에 도착했다. 한순간 그들은 저편에서 여러 가지 소리로 울리는 새들의 합창에 귀를 기울렸고, 새들은 그들 나름대로 방해 받지 않는 고적 속에서 그들의 일상(日

常)을 즐기고 있었다. 그러나 다음 순간 이네스의 작지만 힘찬 손에 제압되어 열쇠가 돌려지더니 빗장이 삐걱거리며 풀렸다. 그들은 안쪽에서 새들이 후닥닥 날아오르는 소리를 들었다. 그러더니 모든 것이 잠잠해졌다. 문은 손 한 뼘만치 열려 있었다. 그러나 안쪽은 꽃이 핀 덩굴들에 의해 온통 얽혀 있었다. 이네스는 그녀의 온 힘을 쏟아 부었다. 뒤에서 바스락거리고 탁 하는 소리도 났지만, 문은 그냥 덩굴에 휘감겨있었다.

"당신이 해야만 해요!" 그녀는 피곤하지만 웃으면서, 남편을 쳐다보며 마침내 말했다.

남자의 손은 들어가는 길을 억지로 만들어냈다. 그런 다음 루돌프는 갈기갈기 찢어진 관목들을 양 옆으로 제쳐놓았다.

그들 앞에서 이제 조약돌 길은 밝은 햇빛을 받아 번쩍였다. 그러나 그들은 아직도 달밤인 양 가만 가만 짙은 초록색의 침엽수들 사이로 길을 따라 걸어 나갔고, 무성한 잡초 사이에서 수백 개의 장미들로 돋보였던 천엽화 장미나무들 옆을 지나갔고, 그리하여 길의 끝에 있는 허물어진 갈대지붕 밑에 도달했는데, 앞에 있는 정원의자는 클레머티스 덩굴 식물이 거미줄처럼 뒤덮고 있었다. 안에는, 지난여름에 그랬던 것처럼, 제비가 둥지를 틀어놓고 있었다. 그것은 그들 머리 위로 들락날락 하였다.

그들은 함께 무슨 말을 주고받았던가? — 이네스에게도 이제 여기는 성스러운 땅이었다. 때때로 그들은 입을 다물고,

바깥 향기 속에서 붕붕 날아다니는 곤충들의 소리만을 들었다. 수년 전에 이미 루돌프는 그와 똑같은 것을 들었었다. 언제나 그와 같았다. 사람들은 죽었다. 도대체 이 작은 유랑 악사들은 영원했다는 뜻인가?

"루돌프, 나는 이제 막 어떤 것을 발견했어요!" 이네스가 이제 다시 입을 열었다. "내 이름의 첫 글자를 한번 떼어서 그것을 끝에다 붙여 보아요! 그러면 그 이름이 어떻게 되죠?"[07]

"네시!" 그가 미소 지으며 말했다. "그것은 기막히게 들어맞는군."

"그것 봐요!" 그녀가 말을 이어갔다. "그러니까 네시는 본래부터 내 이름을 지니고 있는 거예요. 그러니까 이제는 내 아이가 그녀 어머니의 이름을 얻는 것이 공정하지 않나요? — 마리! — 그렇게요. 이름이 그처럼 울림이 좋고 온화하네요. 그대가 알고 있다시피, 어린애들이 자신이 어떤 이름으로 불리는가는 대수롭게 넘길 일이 아니에요."

그는 한동안 말이 없었다.

"이런 것들을 가지고 장난치지 맙시다!" 그가 말하면서, 그녀의 눈을 진정어린 눈으로 바라보았다. "안 되오, 이네스, 내 사랑하는 어린애의 얼굴로도 내 단언컨대 그녀의 초상화에 덧칠을 해서는 안 되오. 마리라고 해도 안 되고, 또 그대의

---

07 Ines(이네스)에서 그 첫 글자를 뒤로 가져가면 Nesi(네시)가 됨.

어머니가 원하는 대로, — 이네스라고 해도 내겐 안 되오! 이
네스도 나를 위해 단 한번 뿐이고, 다시는 결코 이 세상에 없
는 것이오." 그러더니 조금 있다가 보태 말했다. "그대는 이제
고집 센 남편을 가지고 있다고 말할 테죠?"

"아녜요, 루돌프, 단지 이 사실만, — 그대는 네시의 참다
운 아버지라는 것!"

"그렇다면 그대는 무엇이죠, 이네스?

"조금만 참아요. — 나는 물론 그대의 참다운 아내가 될 것
이에요! — 그러나 —"

"'그러나'라니, 거기 역시 또 하나의 조건부가 붙는단 말
이오?"

"나쁜 것은 아니에요, 루돌프! — 그러나 — 언젠가 시간이
다 흘러가버리면 — 왜 그러냐 하면 언젠가 종말은 역시 오고
야 말 테니까요, — 우리 모두가 거기에 가 있는 날, — 그런 것
에 그대는 믿음은 아니래도 아마도 어떤 희망은 품고 있겠지
만요, 그녀가 우리보다 앞서 가 있는 그곳에서 말이에요. 그렇
게 되면" — 그렇게 말하고 그녀는 그를 향해 몸을 일으켜 세
우고 두 손으로 그의 목을 얼싸안았다. — 나를 떨쳐버리지 말
아요, 루돌프! 그렇게 하려고 하지 말아요, 나는 그대로부터
떨어져나가지 않을 거예요!"

그는 그녀를 팔로 꼭 껴안고 말했다. "먼저 해야 할 것부터
합시다. 그것이 한 인간이 자기 자신과 남들에게 가르쳐 줄 수

있는 최상의 것이오."

"그것이 뭔가요?" 그녀가 물었다.

"사는 것이오, 이네스. 우리가 할 수 있는 한, 그만치 아름답고 길게 말이오!"

그때 그들은 작은 문 쪽에서 어린 아이들의 목소리를 들었다. 아직 말이라고 할 수 없지만 작고, 마음을 누르는 소리들, 네시가 내는 우렁찬 목소리인 "이랴! 쩌쩌!" 그리고 충실한 네로의 견인(牽引)과 늙은 하녀의 감시하에 저택의 즐거운 미래는 과거의 정원으로 입성을 하였다.

임멘 호수

노인

어느 늦가을 오후, 옷을 잘 차려입은 노인이 천천히 거리를 내려가고 있었다. 그는 산책을 나갔다가 집으로 돌아오는 것처럼 보였다. 그도 그럴 것이 철지난 유행인 쬠쇠 구두에는 먼지가 덮여 있었다. 그는 어깨 아래에는 금단추가 달린 긴 등나무 지팡이를 끼고 다녔다. 그의 검은 눈이, 온통 잃어버린 청춘이 소생한 듯이, 그리고 눈처럼 흰 머리와 특이하게 대조를 이루며, 이제 주변경관을 둘러보거나, 혹은 낙조의 아지랑이에 잠겨 그의 앞에 놓여 있는 도시를 내려다보고 있었다. 그는 거의 이방인같이 보였다. 그도 그럴 것이 많은 사람들이 자신도 모르는 사이에 진지한 눈을 유심히 바라보도록 이끌렸지만, 지나가는 행인들 중 극히 소수만이 그에게 인사를 했다. 드디어 그는 맞배지붕을 한 높다란 저택 앞에 조용히 멈추어 서서, 다시 한 번 시내 쪽을 바라보더니 저택 현관으로 들어갔다. 문의 종소리가 울리자 현관을 향해 난 창구 옆 작은 방 안에서, 초록색 커튼이 옆으로 제쳐 지더니 뒤에 노파의 얼굴이 보였다. 남자가 그녀에게 지팡이로 표시하였다. "아직도 불을 안 켜놓았군!" 그가 다소 남쪽지방[01] 억양으로 말했다. 그리고 가정부는 커튼을 다시 내려트렸다. 노인은 이제 넓은 현관을 지나 대청[02]으로 들어갔다. 거기에는 도자기 꽃병들이 진열된 큰 참나무 장들이 벽을 따라 늘어서 있고, 맞은편에는 작은 휴게실로 통하는 문이 있는데, 거기서부터는 뒤채의 위층 방들로 올라가는 좁은 층계가 있었다. 그는 층계를 천천히 올라가, 위층에서 열쇠로 방문을 열고는 제법 큰 방으로 들어갔다. 여기는 아늑하고 조용했다. 한 벽은 찬장들과 서가들로 거의 덮여 있고, 다른 벽에는 인물화들과 풍경화들이 걸려 있었다. 초록색 보가 깔린 책상 위에는 몇 권의 책들이 펼쳐져 있고, 책상 앞에는 빨간 벨벳 방석이 깔린 육중한 안락의자가 놓여 있었다. 노인은 모자와 지팡이를 한 구석에 내려놓고 나서, 두 손을 깍지끼고 산책으로부터 휴식을 취하는 것 같았다. — 그가 안락의자에 앉아 있는 동안 점점 더 어두워졌다. 드디어 한 줄기 달

---

01 독일 남부 알고이(Allgäu) 지방의 소도시 임멘슈타트(Immenstadt)를 연상시키고 그 가상(假想)의 '임멘 호수'도 그곳에 설정되어 있다고 사료됨.

02 여기서 '대청'은 원문에 'Pesel'로 나와 있는데, 북독지방 농가의 화려한 거실을 뜻함. 작가 슈토름의 고향도시 후줌(Husum)을 연상시킴.

빛이 창유리를 통해 들어와 벽에 걸린 그림들 위에 머물렀다. 그리고 밝은 빛줄기가 천천히 움직여감에 따라, 노인의 두 눈은 자기도 모르게 따라갔다. 이제 빛은 소박한 검은 액자에 끼워있는 작은 초상화 위에 머물렀다. "엘리자베스!" 노인이 나지막하게 말했다. 그리고 그가 단어를 입 밖에 내자, 시간이 완전히 바뀌어 있었다. ― 그는 자신의 청춘 시절로 돌아가 있었다.

어린아이들

곧 작은 소녀의 우미한 자태가 그에게 다가왔다. 그녀는 엘리자베스라고 불리고 족히 다섯 살은 되었다. 자신은 그 나이의 두 배였다. 그녀는 목에 붉은 비단 목도리를 두르고 있었는데, 그것이 소녀의 갈색 눈과 잘 어울렸다.

"라인하르트," 그녀가 소리쳤다. "우리는 방학, 방학이야! 하루 온종일 수업이 없고 내일도 없어."

라인하르트는 이미 팔 밑에 끼고 있던 산술용 슬레이트를 재빨리 집 대문 뒤에 내려놓고, 이제 두 아이는 집 안을 가로질러 정원으로 들어가고, 또 거기서 정원의 작은 문을 통해 초원으로 빠져나갔다. 예기치 않은 방학은 아주 안성맞춤이었다. 라인하르트는 여기다가 엘리자베스의 도움을 받아 뗏장으로 만든 집을 지어놓았다. 그 안에서 그들은 여름날 저녁들을 재미있게 보내고자 했다. 그러나 아직 벤치 하나가 필요했다. 이제 그는 곧바로 작업을 시작했다. 못들, 망치, 판자들이 잘 준비되어 있었다. 그가 그렇게 하고 있는 동안 엘리자베스는 제방을 따라 걸어가며 야생 당아욱의 고리같이 생긴 씨앗들을 앞치마에 담고 있는데, 그것들을 가지고 그녀는 사슬들과 그녀의 목걸이들을 만들 심산이었다. 그런데 마침내 라인하르트가 여러 꾸부러진 못들에도 불구하고 벤치를 완성해내서 이제 다시 햇빛 속으로 뛰쳐나왔을 때, 그녀는 벌써 초원의 반대편 저 멀리서 걸어가고 있었다.

"엘리자베스!" 그가 불렀다. "엘리자베스!" 그때 그녀는 곱슬머리를 휘날리며 그리로 왔다. "이리 와 봐," 그가 말했다. "이제 우리의 집이 완성됐어. 저런, 너는 정말 후끈 달아올랐네! 들어와, 우리 새 벤치에 앉아보자. 네게 얘기 하나 해줄게."

그리하여 둘은 안으로 들어가서 새 벤치에 앉았다. 엘리자베스는 조그만 씨앗 고리들을 그녀의 앞치마에서 꺼내서 긴 실들에 꿰었다. 라인하르트는 얘기를 시작했다. "옛날에 길쌈하는 세 여인들이 있었단다.—"

"아이고," 엘리자베스가 말했다. "그 얘긴 내가 줄줄 외고 있어. 너는 언제나 같은 얘기를 되풀이해선 안 돼."

그래서 라인하르트는 길쌈하는 세 여인들의 얘기는 집어 치워야 했고, 그 대신 사자 굴에 던져진 가엾은 사람의 얘기를 들려주었다.

"때는 밤이었지," 그가 말했다. "알겠지, 어두컴컴한 밤 말이야, 그리고 사자들은 자고 있었데. 그런데도 가끔 그놈들은 자면서도 하품을 하며 붉은 혀를 날름 내밀고는 했어. 그러면 남자는 부르르 떨며 아침이구나 하고 생각했지. 그때 그의 주위에 갑자기 밝은 빛이 퍼졌어. 그래서 그가 올려다보니까, 그의 앞에 한 천사가 서 있는 거야. 천사가 그에게 손짓을 하고는 곧바로 바위들 속으로 쑥 들어가 버렸어."

엘리자베스는 그때까지 주의 깊게 듣고 있었다. "천사라고?" 그녀가 말했다. "그러면 정말 날개도 달고 있어?"

"이건 그저 얘기야," 라인하르트가 대답했다. "천사 따위는 정말 없어."

"오, 체, 라인하르트!" 그녀가 말하면서 그의 얼굴을 뚫어지게 바라보았다. 그러나 그가 얼굴을 찌푸리며 그녀를 쳐다보았을 때, 그녀는 의아해하며 그에게 물었다. "도대체 왜 사람들은 언제나 그런 얘기를 하지? 어머니도 이모도 또 학교에서도 그렇지?"

"모르겠어." 그가 대답했다.

"하지만 네 생각에," 엘리자베스가 말했다. "사자들도 없다는 말이니?"

"사자들? 사자들이 어디에 있냐고? 인도에 가면 있지. 거기에서는 우상을 숭배하는 신부들이 그놈들에게 마구를 달아 마차 앞에 세워놓고 그놈들과 함께 사막을 돌아다닌단다. 내가 어른이 되면, 나는 언젠가 나 자신도 그리로 갈려고 해. 그곳은 여기 우리가 사는 곳보다 천 배 만 배는 더 아름답지. 거기 가면 겨울 같은 것은 없어. 너도 나와 함께 가야 해. 그러겠니?"

"그래," 엘리자베스가 말했다. "그러나 그땐 어머니도 함께 가야하고, 또 네 어머니도."

"안 돼," 라인하르트기 말했다. "그분들은 그때쯤엔 너무 나이가 많아서, 함께 갈 수가 없어."

"하지만 나는 혼자 가지는 않을 테야."

"정말 네가 옳을지도 몰라. 너는 그때쯤이면 내 아내가 되어 있을 거야. 그렇게 되면 다른 사람들은 그 문제에 대해 아무런 말도 하지 않을 거야."

"하지만 나의 어머니는 우실걸."

"우리가 정말 돌아오지 않는 게 아냐," 라인하르트는 열을 올리며 말했다. "그저 솔직히 말해 봐. 너는 나와 함께 여행하기를 원해? 그게 아니라면, 나는 혼자 간다. 그리고 다시는 돌아오지 않을 거다."

어린 소녀는 거의 울상이 되었다. "제발 성난 눈을 하지 마," 그녀가 말했다. "나는 정말 함께 인도로 가기를 원해."

라인하르트는 미친 듯이 기뻐하며 그녀의 두 손을 잡고는 그녀를 초원으로 끌고 나갔다. "인도로, 인도로 간다!" 그는 노래하며, 그녀와 더불어 원을 그리며 빙글빙글 돌았다. 그 와중에 그녀의 작은 붉은 목도리가 그녀의 목에서 날아갔다. 그러나 다음 순간 그는 갑자기 그녀를 뿌리치고는 진지하게 말했다. "그 계획은 역시 물거품이 되고 말 거야. 너에겐 용기가 없어."

"엘리자베스! 라인하르트!" 이제 정원의 작은 문에서 부르는 소리가 들려왔다. "여기! 여기 있어요!" 아이들이 대답하고는 손에 손을 잡고 집을 향해 껑충 껑충 뛰어갔다.

숲속에서

아이들은 그렇게 함께 살았다. 그녀는 자주 그에게 너무 조용했고, 그는 자주 그녀에게 너무 격했지만, 그로 인해 그들이 서로 떨어지지 않았다. 겨울엔 어머니들의 조그만 방들에서, 여름엔 숲과 들에서, 그들은 거의 모든 한가한 시간들을 함께 나누었다. — 엘리자베스가 언젠가 라인하르트가 들을만한 거리에서 학교 선생으로부터 꾸지람을 들을 때, 그는 성이 나서 그의 슬레이트를 책상에 부딪쳐 선생님의 노여움을 자신에게 돌리려고 했다. 그것은 주의를 끌지 못했다. 그러나 라인하르트는 지리학 학습에 모든 흥미를 잃었다. 그 대신 그는 긴 시를 하나 작성했다. 시에서 그는 자신을 젊은 독수리로 또 학교 교사를 회색 까마귀로 비유했고, 엘리자베스는 흰 비둘기였다. 독수리는, 그의 날개가 자라나기만 하면, 그 즉시로 까마귀에게 복수할 것을 맹세했다. 젊은 시인의 눈에는 눈물이 고였다. 그는 자신이 매우 숭고하다고 생각하였다. 그가 집으로 왔을 때, 그는 하얀 종잇장이 많은 양피지 제본 공책을 하나 마련했다. 첫 페이지 위에 그는 조심스러운 필체로 그의 첫 시를 썼다. ― 그런 일이 있은 지 얼마 안 되어 그는 다른 학교로 전학을 갔다. 여기서 그는 그의 나이 또래의 여러 소년들과 새로운 우정을 맺었다. 그러나 엘리자베스와의 교제는 그로 인해 방해받지 않았다. 그가 그녀에게 전에 얘기해주고 또 얘기해주었던 동화들 중에서 가장 그녀 마음에 들었던 것들을 이제 적어 놓기 시작했다. 그런 작업을 해나갈 때 그에게는 자신의 생각들 중 어떤 것을 동화 속에 삽입해 보고 싶은 욕망이 때때로 일기도 하였다. 그러나 그는, 그 이유는 알 수 없지만, 언제나 그렇게 하질 못했다. 그래서 그는 그것들을 자신이 들었던 그대로 적어 놓았다. 그 다음 그는 이야기들의 원고 페이지들을 엘리자베스에게 전해주고, 그녀는 그것들을 그녀의 보물함의 서랍 속에 조심스레 보관하였다. 그리고 그녀가 때때로 그와 함께 있는 저녁에, 그가 공책에 적어놓은 이 이야기들을 그녀의 어머니에게 낭독하는 것을 듣고서 그는 상쾌한 만족감에 젖어들었다.

칠 년이 흘러갔다. 라인하르트는 고등교육을 받기 위해 도시를 떠나야 했다. 엘리자베스는 온통 라인하르트가 없는 시절이 이제 도래할 것이라는 생각에 쉽게 적응해 나갈 수가 없었다. 그가 전처럼 그녀를 위해 동화들을 적어놓을 것이라고 말하자, 그녀는 기뻤다. 그가 이야기들을 어머니에게 보내는 편지와 함께 부치고자 하니, 얘기들이 그녀 마음에 드는지 그녀가 회답해 주어야 한다고 말했다. 출발 일자가 다가오고 있었다. 그러나 그전에 여러 시들이 그의 양피지 공책에 실렸다. 하지만 공책 전체를 또 점차 하얀 종잇장들의 거의 반을 채운 시들의 동기가 그녀였음에도 불구하고, 이것을 그녀에게는 비밀로 부쳤다.

때는 6월이었다. 라인하르트는 그 다음 날 여행길에 오를 예정이었다. 이제 사람들은 다시 한 번 휴일 날을 함께 보내고자 했다. 그런 목적으로 근처의 숲에서 친지들이 제법 큰 야유회를 개최하였다. 마차를 타고 한 시간 남짓 걸려 숲의 기슭에 도달했다. 그다음 그들은 마차에서 음식 광주리들을 내려 가지고는 계속 걸어갔다. 먼저 전나무 숲을 통과해야 했다. 그곳은 서늘하고 어스름하고 바닥은 온통 고운 솔잎들로 깔려 있었다. 반시간쯤 걸은 후 그들은 전나무들의 어둠에서 벗어나 시원한 너도밤나무 숲으로 들어갔다. 여기서는 모든 게 밝고 초록빛이고, 때때로 잎이 무성한 가지들 사이로 햇살이 스며들기도 하고 또 그들 머리 위로는 다람쥐 한 마리가 이 가지에서 저 가지로 깡충깡충 뛰어다니기도 했다. 수령이 아주 오래되고, 우듬지의 투명한 잎들이 천정을 이룬 너도밤나무들이 함께 자라는 곳, 그곳에서 일행은 멈추어 섰다. 엘리자베스의 어머니가 광주리 하나를 열었다. 노신사는 식량보급 책임자로 자청하고 나섰다. "너희 젊은 친구들 모두 내 주위에 모여라!" 그가 외쳤다. "내가 너희에게 말해 주는 것을 똑똑히 명심해라. 이제 조찬으로 너희는 타원형 식빵 두 개씩 받는다. 버터는 집에 두고 왔다. 부식(副食)은 너희 스스로 구해야 된다. 숲속에는 딸기들이 그득하게 있다. 말하자면, 그것들을 찾을 줄 아는 자에게는 말이다. 그럴 재간이 없는 자는 자신의 빵을 마른 채로 먹을 수밖에 없다. 어디가나 인생은 다 마찬가지다. 너희는 내 말을 잘 알아들었나?"

"그럼요!" 젊은 친구들이 소리쳤다.

"좋다, 그런데," 노신사가 말했다. "내 말은 다 안 끝났다. 우리 노인들은 인생을 살면서 충분히 이리 저리 돌아다녔다. 그런 고로 우리는 여기서 집을 지킨다. 즉 여기 가지가 넓게 뻗은 나무들 밑에서 말이다. 감자 껍질을 벗기고, 불을 지피고, 식탁을 준비할 것이다. 또 시계가 열두시를 가리키면, 달걀도 삶을 거다, 그 대가(代價)로 너희는 우리에게 너희 딸기의 반을 내놓아야 한다. 그걸로 우리는 또한 후식(後食)을 내놓을 수 있을 것이다. 그러면 이제 동쪽으로, 서쪽으로 가라, 속임

수는 쓰지 마라!"

젊은 애들은 온갖 장난꾸러기 얼굴 표정을 지었다. "잠깐
만!" 노신사가 다시 한 번 소리쳤다. "내가 아마 너희에게 더
말할 필요는 없겠지만, 아무것도 발견하지 못한 자는 아무것
도 내놓지 않아도 된다. 그러나 이것을 잘 새겨들어라, 그런
친구는 우리 노인들한테서 또한 아무것도 받지 못한다. 그리
고 이제 너희는 오늘 몫으로 좋은 교훈을 충분히 들었다. 너희
가 이제 거기에 덧붙여 딸기들까지 얻는다면, 너희는 현재로
선 벌써 인생을 잘 헤쳐가고 있는 것이다."

젊은 친구들도 그와 같은 의견이고 이제 짝을 지어 탐사
길에 나섰다.

"가자, 엘리자베스," 라인하르트가 말했다. "난 딸기가 만
발한 곳이 어딘지 알아, 네가 마른 빵을 먹게 할 순 없지."

엘리자베스는 밀짚모자의 두 초록색 리본을 함께 매고는
모자를 그녀 팔 위에 걸쳤다. "자, 가자," 그녀가 말했다. "바구
니는 준비 됐어."

그런 다음 그들은 숲 안으로 발을 내딛었고 점점 더 깊숙
이 들어갔다. 축축하고 어두컴컴한 나무그늘 한가운데를 지
나가는데, 거기서는 모든 것이 고요하고 다만 보이지는 않지
만 그들 머리 위 저 높은 공중에서 매들의 울부짖는 소리가 들
려왔다. 그런 다음 다시 빽빽한 덤불숲을 지나가야 하는데, 얼
마나 빽빽한지 라인하르트가 앞장서가며 여기서 가지 하나를

꺾는가 하면 저기서는 덩굴 하나를 옆으로 굽으려야만 했다. 하지만 그는 곧 엘리자베스가 그의 뒤에서 그의 이름을 부르는 소리를 들었다. 그는 뒤돌아보았다. "라인하르트!" 그녀가 소리쳤다. "좀 기다려, 라인하르트!" 그는 그녀를 볼 수 없었다. 드디어 그는 그녀가 얼마쯤 떨어진 거리에서 관목들과 싸우고 있는 것을 보았다. 그녀의 작고 고운 머리는 양치식물들의 우듬지 위로 보일락 말락 하였다. 이제 그는 다시 한 번 뒤로 돌아가 그녀를 뒤엉킨 잡초와 관목들을 헤치고 넓은 공간으로 끌어냈다. 거기에는 푸른 나비들이 고적한 야생화들 사이에서 나풀대고 있었다. 라인하르트는 그녀의 후끈 달아오르고 귀여운 젖은 머리카락들을 가다듬은 다음에, 그녀 머리 위에 밀짚모자를 씌우고자 했으나 그녀는 그것을 거부했다. 그러나 그가 재차 간청하자 그렇게 하도록 했다.

"그런데 딸기들은 도대체 어디에 있는 거냐?" 그녀가 마침내 묻더니, 멈추어서 긴 호흡을 내쉬었다.

"그것들이 여기 있었는데," 그가 말했다. "두꺼비들이, 아니면, 족제비들이, 아니면, 아마도 요정(妖精)들이 우리보다 먼저 왔었나봐."

"그렇구나," 엘리자베스가 말했다. "그 잎들은 아직 그냥 있네. 그러니 요정 얘기는 하지 마. 나는 아직 조금도 피곤하지 않아. 더 찾아보자."

그들 앞에 작은 개천이 가로 놓여 있었다. 숲은 저 건너편에서 다시 시작되었다. 라인하르트는 엘리자베스를 그의 팔에 안고서 그쪽에다 건네다 놓았다. 얼마 후에 그들은 나뭇잎들의 녹음에서 벗어나 다시 어느 넓은 숲속 공간으로 빠져나왔다.

"여기에 딸기들이 있는 것이 분명해," 소녀가 말했다. "아주 달콤한 향기가 느껴져."

그들은 햇볕이 잘 드는 여기저기로 딸기를 찾아 두루 돌아다녔다. 그들은 그것들을 찾지 못했다. "없어," 라인하르트가 말했다. "단지 히스의 향기야."

나무딸기 관목들과 찔레 가시나무들이 사방에 뒤섞여 자라고 있었다. 잔디 풀과 교대하듯 그 탁 트인 지면들을 뒤덮고 있는 히스의 진한 향기가 산 공기를 채우고 있었다. "여기는 참 한적하네," 엘리자베스가 말했다. "다른 사람들은 어디 있는 거지?"

귀로(歸路)에 대해서 라인하르트는 생각해 보지 않았었다.

"좀 기다려. 바람이 어느 쪽에서 불어오는 거지?" 그가 말하며, 공중에 손을 들었다. 그러나 바람은 없었다.

"가만 있어봐," 엘리자베스가 말했다. "내가 그들이 말하는 소리를 들은 것 같은데. 한 번 저 아래로 불러 봐."

라인하르트는 오목하게 만든 손을 통해 소리쳤다. "이리로 와!" ― "이리로 와!" 메아리쳤다,

"그들이 대답하네!" 엘리자베스가 말하며 손뼉을 쳤다

"아냐, 아무것도 아니었어, 단지 메아리였어."

엘리자베스는 라인하르트의 손을 잡았다. "난 무서워!" 그
녀가 말했다.

"아냐," 라인하르트가 말했다. "그럴 필요는 없어. 여긴 아
름다워. 저기 약초들 사이 그늘에 가서 앉자. 우리는 다른 사
람들을 곧 발견할 거야."

작은 금빛 점들이 박힌 푸르스름한 파리들은 공중에서 날
개를 떨고 있었다. 그들 주위에서는 윙윙 붕붕하는 소리가 울
렸고, 또 때때로 깊은 숲속에서 딱따구리들의 나무 쪼는 소리
와 다른 새들의 날카로운 지저귐도 들려왔다.

"쉿!" 엘리자베스가 말했다. "종치는 소리야."

"어디?" 라인하르트가 물었다.

"우리 뒤야. 들리지? 정오의 종소리."

"그렇다면 우리 뒤에 도시가 있다. 그러니까 우리가 이 방
향으로 쭉 가면, 틀림없이 다른 사람들을 만나게 될 거야."

그리하여 그들은 귀로에 올랐고, 딸기 찾기는 포기했다.
그도 그럴 것이 엘리자베스는 지쳐 있었다. 드디어 나무들 사
이를 통해 야유회 참가자들의 웃음소리가 들려왔다. 그 다음
그들은 또한 흰 천 하나가 바닥에서 번쩍이고 있는 것을 보았
다. 그것은 식탁이었고, 그 위에 딸기들이 수북이 쌓여 있었
다. 노신사는 냅킨을 단추 구멍에 꿰차고 있으면서, 열심히 구
운 고기 덩이를 이리저리 자르며 그의 도덕적 훈계를 계속하

고 있었다.

"저기 낙오자들이 오고 있네요," 젊은 애들이 소리쳤다. 그
들은 라인하르트와 엘리자베스가 나무 가운데로 오고 있는
것을 보았던 것이다.

"이리로 오게!" 노신사가 소리쳤다 "보자기들을 비우고,
모자들을 뒤집어 봐라! 너희가 발견한 것을 여기 내놓아라!"

"배고픔과 목마름뿐이에요!" 라인하르트가 말했다.

"그게 다라면," 노신사는 그들에게 과일이 듬뿍 담긴 대접
을 보여주며 대답했다. "그렇다면 그것을 또한 가져야 한다.
너희는 약속을 기억하겠지. 여기서는 게으른 자들을 먹이지
않는다." 하지만 그는 청에 못 이겨 누그러졌고, 이제, 만찬이
시작되었다. 그것에 맞추어 지빠귀 한 마리가 노간주나무들
숲에서 지저귀었다.

그렇게 그날은 지나갔다. — 하지만 라인하르트는 그래도
무엇을 발견했다. 그것이 딸기가 아니었다 해도, 그것 또한 숲
속에서 자란 것이었다. 그가 집에 돌아왔을 때, 그는 오래 된
양피지 공책에 적어 넣었다.

여기 산 중턱에
바람은 잠잠해진다.
늘어진 나뭇가지들 밑에
어린 소녀가 앉아있다.

그녀는 백리향 속에 앉아있고
그윽한 향기 속에 앉아있다.
푸른 파리들은 윙윙거리고

그처럼 잠잠한 숲속을
관통하는 그녀의 눈초리
그녀의 갈색 곱슬머리를
감싸는 밝은 햇빛.

멀리서 뻐꾸기는 웃고 있네.
내 아련한 감지(感知) 속에.
그녀의 황금빛 눈 속에
삼림의 여왕이 있네.

    그러니까 그녀는 비단 어린 애인일 뿐만 아니라 그의 솟아
오르는 삶의 모든 사랑스럽고 경이로운 것의 표현이었다.

길가에 아이가 서 있었다

크리스마스 전야가 다가오고 있었다. ― 라인하르트가 시청
지하주점에서 다른 대학생들과 함께 앉아 있을 때는 아직 오

후였다. 벽에 달려 있는 램프들에 불이 켜져 있었다. 그도 그럴 것이 여기 지하는 벌써 어두컴컴하였다. 하지만 손님들은 드문드문 앉아 있고, 웨이터들은 한가로이 벽기둥들에 기대어 서있었다. 지하실 한구석에 한 명의 바이올린 연주자와 치터[03]를 든 미모의 집시 소녀가 앉아 있었다. 그들은 악기를 무릎에 올려놓고 그저 무관심하게 앞만 바라보고 있는 것 같았다. 학생들이 자리 잡고 있는 식탁에서 샴페인 코크 마개가 튕겨나갔다. "마셔라, 나의 집시 애인이여!" 귀공자 타입의 한 젊은이가 술이 잔뜩 담긴 잔을 소녀에게 건네면서 소리쳤다.

"싫어요," 그녀는 몸가짐을 바꾸지 않고 말했다.

"그럼 노래라도 불러라!" 귀공자는 소리치며 그녀 무릎 위에 은화 한 개를 던졌다. 바이올린 연주자가 그녀에게 귓속말을 하고 있는 동안 소녀는 손가락으로 자신의 검은 머리를 쓰다듬었다.

"저 사람을 위해서라면 연주 안 해요." 그녀가 말했다.

라인하르트는 잔을 손에 들고 벌떡 일어나 그녀 앞에 섰다.

"네가 원하는 게 뭔데?" 그녀가 반항적으로 물었다.

"너의 눈을 바라보는 것이다."

"내 눈이 네게 무슨 상관인데?"

라인하르트는 눈을 번득이며 그녀를 내려다보았다. "나는

---

03 현(絃)이 30-40개 있는 기타 비슷한 현악기.

눈이 거짓인 걸 잘 알아!" — 그녀는 평평한 손바닥을 뺨에 대며 그를 노려보았다. 라인하르트는 술잔을 입에 갖다 대었다. "너의 아름다운, 죄 많은 눈을 위하여!" 그가 말하고는 마셨다.

그녀는 웃으며 머리를 그를 향해 돌렸다. "줘!" 그녀가 말했다. 그리고 그녀는 검은 눈을 그의 눈에 고정시키면서 그 나머지를 천천히 마셨다. 그런 다음 그녀는 삼박자 화음(和音)을 잡고 깊고 정렬적인 목소리로 노래했다.

오늘, 단지 오늘만
나는 그처럼 아름다워.
내일, 아, 내일은
모든 것이 스러지고 말아!

오직 이 시간은
그대 아직 나의 것.
죽는 것, 아, 죽는 것은
나 혼자 해야 해.

바이올린 연주자가 이제 빠른 템포로 피날레를 도입할 때, 새로 도착한 한 학생이 무리에 합류했다.

"나는 너를 데리고 가려고 했어, 라인하르트," 그가 말했다. "너는 벌써 떠나고 없더군. 그런데 그 아기예수가[04] 네 집에 들렀어."

"아기예수라고?" 라인하르트가 말했다. "그런 것은 내게 더 이상 오지 않는데."

"원, 그게 무슨 말! 네 방에선 온통 전나무와 황갈색 빵 냄새가 물씬 났어."

라인하르트는 술잔을 손에서 내려놓고 자신의 모자를 움켜잡았다.

"무얼 하려고 해?" 소녀가 물었다.

"정말 곧 다시 올게."

그녀는 이마를 찌푸렸다. "여기 있어!" 그녀는 나지막하게 말하며 그를 다정하게 쳐다보았다.

라인하르트는 주저했다. "나는 그렇게 할 수 없어." 그가 말했다.

그녀는 웃으며 발끝으로 그를 차버리고는 말했다. "가라! 너는 아무짝에도 소용없어. 너희 모두가 다 합쳐도 아무짝에 소용없어." 그리고 그녀가 등을 돌리는 동안 그는 천천히 계단을 올라갔다.

바깥 길 위에는 짙은 땅거미가 내려앉았다. 그는 뜨거운

---

04 원문의 "Christkind 아기예수"는 선물을 갖다 준다고 하여 '크리스마스 선물'이나 '산타클로스'로도 이해 됨.

이마에 선선한 겨울 공기를 느꼈다. 여기저기서 번득이는 크리스마스트리의 밝은 빛이 창문에서 새어나오고, 그 안에서 간간히 작은 피리들과 양철 나팔들 소리가 들리고, 거기엔 환호하는 아이들 목소리가 섞여 있었다. 거지 애들은 떼를 지어 이 집 저 집으로 돌아다니거나, 아니면, 계단 난간 위에 올라서서 그들에게 허락되지 않은 화려한 광경을 들여다보려고 하였다. 어떤 때는 갑자기 문이 활짝 제쳐 지더니 꾸짖는 목소리들이 그런 한 떼의 작은 손님을 밝은 저택에서 어두운 골목길로 내몰았다. 다른 곳에서는 집의 대청에서 어떤 귀에 익은 크리스마스 캐럴이 울려 퍼졌다. 가운데는 산뜻한 소녀 목소리들도 함께 섞여 있었다. 라인하르트는 그런 것을 귀담아 듣지 않고, 모든 것을 재빨리 지나치며 이 길거리에서 다른 길거리로 빠져나갔다. 그가 하숙집에 도착할 때는 거의 완전히 깜깜해졌다. 그는 허겁지겁 비틀거리며 계단을 올라가서 방으로 들어갔다. 감미로운 향기가 그를 맞이했고, 그는 고향 생각이 났다. 그것은 크리스마스 때 어머니 집 응접실의 냄새였다. 떨리는 손으로 그는 램프에 불을 붙였다. 식탁 위에는 묵직한 소포 하나가 놓여 있었다. 그가 그것을 열자, 그에게 친숙한 황갈색 크리스마스 케이크들이 쏟아져 나왔다. 그중 몇 개에는 그의 이름의 첫 글자가 설탕으로 뿌려져 있었다. 엘리자베스 이외에는 그 누구도 그렇게 할 수 없었다. 그 다음으로 곱게 수놓은 리넨 제품, 수건들, 식탁보, 소맷부리 같은 것을 담은 작은 소포가 눈에 들어 왔다. 마지막으로 어머니와 엘리자베스에게서 온 편지들이 있었는데, 그는 후자의 편지를 먼저 열어보았다. 엘리자베스는 이렇게 적었다.

"아름다운 설탕 글자들 보면 누가 케이크들을 만드는 데 도움을 주었는지 아마 잘 알 수 있을 거야. 물론 같은 사람이 너를 위해 소맷부리에 수를 놓았어. 이곳에서 우리는 이번 크리스마스이브를 매우 조용히 보내려고 해. 어머니는 언제나 아홉시 반이면 벌써 물레를 구석에 밀어놓아. 네가 여기 없는 이 겨울은 쓸쓸하기 짝이 없어. 게다가 또 지난 일요일엔 네가 나에게 선사했던 홍방울새가 죽었어. 내가 새를 잘 보살폈다고 확신해도, 나는 무척 울었어. 해가 새장 안을 비추는 오후엔 새는 언제나 지저귀었지. 너도 알다시피, 새가 그처럼 힘차게 지저귈 때면, 어머니는 가끔 새를 침묵시키기 위해 천을 새장 위에 들씌웠어. 너의 오랜 친구 에리히가 오다가다 우리를 방문하는 것을 빼놓고 우리 방 안은 이제 예전보다 훨씬 더 조용해. 네가 언젠가 말했지, 그는 그의 갈색 외투와 비슷해 보인다고 말이야. 그가 문 안으로 들어설 때마다 나는 그런 생각을 금할 수가 없어. 그러니까 아주 우스워 죽겠어. 하지만 내 어머니한테는 그런 말 하지 마, 그녀는 골을 낼 거야. — 내가 너의 어머님께 크리스마스 선물로 무엇을 드리려는지 맞추어 봐! 맞추지 못하겠니? 나 자신이야! 바로 에리히가 검은 분필로 나를 그려주고 있어. 나는 벌써 세 번이나, 매번 한 시간씩,

그의 앞에 모델로 앉아 있어야 했어. 낯선 남자가 나의 얼굴을 외우게 되었다는 것이 내겐 무척 역겨웠어. 내가 그걸 원했던 것도 아닌데, 어머니가 나를 설득했지. 그녀 말이 그림이 선량한 베르너 부인[05]에게 아주 큰 선물이 될 거라고 말이야."

이제 라인하르트는 어머니의 편지도 읽었다. 그리고 그가 읽은 그 두 편지들을 천천히 다시 접어서 한쪽으로 치워 놓자, 걷잡을 수 없는 향수(鄕愁)가 그에게 휘몰아쳤다. 그는 얼마 동안 방에서 왔다 갔다 하였다 그는 나지막하게 말하는 듯싶더니 다음 순간 낮은 목소리로 중얼거렸다.

그는 거의 길을 잃어버렸고,
출구를 몰랐어라.
아이는 길가에 서 있었고,
그에게 귀향(歸鄕)을 가리켰어라!

그 다음 그는 계단을 내려와 다시 밖으로 나갔다. 여기는 그동안 더 조용해졌다. 크리스마스트리의 불들이 다 꺼졌다, 아이들의 떠돌이 행진들도 끝이 났다. 노인들과 젊은이들은 그들의 집에서 단란하게 함께 앉아 있었다. 크리스마스 전야의 제2막이 시작되었다.

라인하르트가 지하주점 가까이 왔을 때, 그는 지하 깊숙한

---

05 주인공 라인하르트 베르너(Reinhard Werner)의 어머니.

곳에서 흘러나오는 바이올린 탄주(彈奏)와 치터 타는 소녀의 노래 소리를 들었다. 그때 아래쪽에서 주점 문의 방울 소리가 울려 퍼지더니, 한 사람의 검은 형태가 넓은, 희미하게 밝혀진 계단을 휘청거리며 올라오고 있었다. 라인하르트는 집의 그늘 속으로 몸을 감춘 다음 재빨리 그곳을 지나갔다. 얼마 후에 그는 환히 불이 켜진 보석 상점 안으로 들어갔다. 거기서 빨간 산호가 점점이 박힌 작은 십자가 하나를 구입하고 나서, 그는 왔던 길을 따라 되돌아 걸었다.

그의 집에서 멀지 않은 지점에서 그는 형편없는 누더기 옷을 걸친 작은 소녀가 드높은 집 대문을 열려고 안간 힘을 쓰는 것을 눈여겨보았다. "너를 도와줄까?" 그가 말했다. 아이는 아무 말도 하지 않았지만, 육중한 손잡이를 놓았다. 라인하르트는 벌써 문을 열어 놓았다. "그러면 안 돼," 그가 말했다. "그들은 너를 밖으로 쫓아낼 수도 있어. 나와 함께 가자! 나는 네게 크리스마스 케이크를 좀 주려고 해." 그 다음 그는 대문을 다시 닫고는 어린 소녀의 손을 잡았고, 아이는 말없이 그와 함께 그의 숙소로 갔다.

그는 등불을 그냥 켜놓은 채로 나갔었다. 그가 가지고 있던 소중한 케이크 전체의 절반을, 단지 설탕 글자가 적힌 곳은 제외하고, 그녀의 앞치마에 넣어주었다. "이제 집에 가서 네 어머니에게도 그것을 좀 줘." 아이는 수줍은 눈초리로 그를 올려다보았다. 소녀는 그런 친절에 익숙하지 않아 그것에 어떤 대답도 할 수 없는 듯이 보였다. 라인하르트는 문을 열고 그녀의 길을 비추어주니, 어린 소녀는 그녀의 케이크를 가지고 새같이 잽싸게 계단을 내려가서는 집밖으로 나갔다.

라인하르트는 난로에 불씨를 헤쳐 일으키고는 먼지가 낀 잉크병을 책상 위에 올려놓았다. 그다음 그는 거기에 앉아 어머니와 엘리자베스에게 보내는 편지들을 밤새도록 썼다. 나머지 크리스마스 케이크는 손도 대지 않은 채 옆에 놓여 있었다. 그러나 엘리자베스에게서 온 소맷부리들은 달아 놓았지만, 그것은 그의 흰 성긴 나사 상의에 전혀 어울리지 않았다. 그는 쭉 그렇게 앉아 있었다. 드디어 겨울 아침 해가 서리 낀 창유리를 비치며 그의 맞은편에 있는 거울에 창백하고 진지한 한 얼굴을 보여주었다.

고향에서

부활제가 되었을 때, 라인하르트는 고향으로 여행을 떠났다. 그가 도착한 다음 날 아침, 엘리자베스에게 갔다.

아름다운, 가냘픈 소녀가 미소 지으며 그에게 다가올 때, "너 많이 컸구나!" 그가 말했다. 그녀는 얼굴을 붉혔지만, 아무 말도 하지 않았다. 그가 환영 인사를 나누며 잡은 손을 그녀가 가만히 빼내려고 하였다. 그는 의아하게 그녀를 바라보왔다. 전에는 그녀가 그렇게 하지 않았었다. 이제 어떤 낯선 것이 그들 사이에 끼어 든 것 같은 느낌이 들었다. ─ 그가 벌써 얼마 동안 집에 와 있었고 또 날이면 날마다 그녀를 보러 다시 왔을 때도 그런 느낌은 그대로였다. 그들이 단 둘이서만 함께 앉아 있으면, 말이 끊기고 거북한 침묵의 순간들이 있었다. 따라서 그는 마음을 졸이며 그런 순간들을 예방하고자 애썼다. 그의 휴가 기간 동안 어떤 일정한 즐거운 소일거리를 갖기 위하여 그는 엘리자베스에게 식물학을 가르치기 시작하였는데, 이 과목은 그가 대학생활의 처음 몇 달 동안 매우 열성적으로 흥미를 가졌던 것이었다. 모든 점에서 그를 따르는 데에 익숙하고 게다가 빨리 배우는 기질이던 엘리자베스는 기꺼이 그 작업에 동조하였다. 그리하여 일주일에 몇 번 들판으로 혹은 황무지로 그들은 채집을 나갔다. 그리하여 그들이 정오에 식물과 꽃들이 그득한 초록색 식물 채집 상자를 집에 갖다놓으면, 라인하르트는 몇 시간 뒤에 다시 와서 그들이 공동으로 채집한 것을 엘리자베스와 나누었다.

그런 의도를 가지고 그가 어느 날 오후 방으로 들어갔을 때, 엘리자베스는 창가에 서서 그가 전에는 거기서 보지 못했던 금도금 새장에, 싱싱한 별꽃을 디밀어 넣고 있었다. 새장 안에는 카나리아 한 마리가 앉아 날개를 퍼덕거리며 날카로운 소리를 지르며 엘리자베스의 손가락을 쪼고 있었다. "나의 가엾은 홍방울 되새가 황금빛 되새로 탈바꿈을 했나?" 그가 명랑하게 물었다.

"홍방울새들은 저렇게 익숙하지 않아," 팔걸이의자에 앉아 물레질을 하던 어머니가 말했다. "자네 친구 에리히가 그놈을 오늘 낮 그의 저택에서 이리로 보냈네."

"무슨 저택이라고요?"

"자네는 그걸 모르고 있나?"

"무슨 말씀이신지?"

"저 임멘 호숫가 집말이네. 에리히가 한 달 전에 부친의 두 번째 저택을 상속했네."

"하지만 어머님은 제게 그것에 대해 한 말씀도 안 했잖아요."

"아이고," 어머니가 말했다. "자네도 자네 친구에 대해 아직 한마디 말도 묻지 않았어. 그는 아주 온순하고 분별 있는 젊은이일세."

어머니는 거피를 만들려고 방에서 나갔다. 엘리자베스는 라인하르트에게 등을 돌린 채 별꽃 가지로 작은 정자를 만들어 주느라고 아직도 정신이 없었다. "미안해, 조금만 더 기다려 줘," 그녀가 말했다. "내가 곧 끝낼게." ― 라인하르트가 그의 습관에 반해 아무 대답도 안하고 있으니까, 그녀는 몸을 돌이켰다. 그의 눈에는 그녀가 전에는 목격하지 못했던 어떤 비애의 갑작스러운 표현이 깃들여 있었다. 그녀는 그에게 다가가, 물었다. "라인하르트, 어디가 불편해?"

"내가?" 그는 아무 생각 없이 말하며 그의 눈을 꿈꾸듯 그녀의 눈에 머물게 했다.

"너는 너무 슬퍼 보여."

"엘리자베스," 그가 말했다. "나는 노란 새를 좋아할 수 없어."

그녀는 그를 움찔하며 바라보았다. 그녀는 그를 이해하지 못했다. "너는 매우 괴팍하구나," 그녀가 말했다.

그는 그녀의 두 손을 맞잡았는데, 그녀는 가만히 있었다. 곧 그녀의 어머니가 다시 들어왔다.

이들이 커피를 마시고 나자, 어머니는 물레를 돌리기 시작했다. 라인하르트와 엘리자베스는 그들의 식물들을 정리하기 위하여 옆방으로 갔다. 이제 꽃실들을 세고, 잎들과 꽃들을 조심스럽게 펼쳐 놓았다. 각 종류로부터 두 견본을 골라 큰 2절지 공책의 종잇장들 사이에 말리기 위해 끼워놓았다. 햇빛이 내리 비치는 오후는 조용하였다. 옆에서 어머니의 물레 돌아가는 소리만이 그르렁그르렁 거렸고, 이따금씩 라인하르트의 풀죽은 목소리가 들리곤 했는데, 그는 엘리자베스에게 식물들이 속한 강(綱)과 목(目)[06]을 대주거나 라틴어명칭들에 대한 그녀의 서투른 발음을 교정해주고 있었다.

채집한 것 전체가 다 분류되고 정리되었을 때, 그때야 그

---

06 강과 목은 식물 분류상의 항목 단계.

녀가 말했다. "요전번에 집에 가져온 봄꽃[07]을 찾을 수가 없네."

라인하르트는 주머니에서 작은 흰 양피지 공책을 꺼냈다. 그는 거기서 한 반쯤 마른 식물을 하나 꺼내 들고 말했다. "여기 너에게 줄 봄꽃 화사(花蛇) 하나가 있어."

엘리자베스가 글자가 많이 적힌 공책을 보았을 때, 그녀가 물었다. "너는 다시 동화들을 쓰기 시작했니?"

"그건 동화들이 아냐," 그는 대답하며 그녀에게 공책을 건네주었다.

그것은 온통 시들이고, 대부분은 기껏해야 한 지면(紙面)을 채울 정도의 길이였다. 엘리자베스는 페이지를 하나하나 넘겼다. 그녀는 오직 제목들만 읽는 것같이 보였다. 〈그녀가 학교선생으로부터 꾸지람을 들었을 때〉, 〈그들이 숲속에서 길을 잃었을 때〉, 〈그 부활제 동화와 더불어〉, 〈그녀가 나에게 처음으로 편지를 했을 때〉 거의 모든 제목이 그런 식이었다. 라인하르트는 그녀에게 탐색의 시선을 보냈다. 계속해서 페이지를 넘기고 있는 그녀의 해맑은 얼굴에 가벼운 홍조가 일더니 그것이 점점 전체로 확산되는 것을 그는 보았다. 그는 그녀의 눈을 보고자 했지만, 그녀는 고개를 들지 않고 끝내는 공책을 말없이 그의 앞에 밀어놓았다.

---

07 죽대 꽃 속(屬)의 봄꽃(Maiblume) 또는 은방울이라고도 함.

"그것을 나에게 그런 식으로 돌려주지 마!" 그가 말했다.

그녀는 양철 상자에서 갈색 잔가지를 꺼냈다. "나는 네가 가장 애호하는 약초 하나를 그 안에 넣기를 원해," 그녀는 말하고서 공책을 그의 손에 쥐어 주었다.

드디어 그의 휴가의 마지막 날, 출발의 아침이 되었다. 엘리자베스가 청한 끝에, 어머니로부터 역체마차 타는 곳까지 친구를 바래다주는 허락을 받아냈다. 정거장은 그녀의 집에서 몇 가로(街路)를 지나쳐 가야 하는 거리에 있었다. 그들이 집 대문을 나설 때, 라인하르트는 그녀에게 그의 팔을 내어주었다. 그렇게 그는 날씬한 처녀 곁에서 걸어갔다. 그들은 목적지에 가까이 가면 갈수록, 그가 그처럼 긴 이별을 하기 전에, 그녀에게 어떤 긴요한 말을 알려줘야 할 것 같은 기분이 점점 더 들었다. ― 그의 미래 삶의 모든 가치와 감미로움이 달려 있는 어떤 말, 하지만 그는 그를 구제해줄 말을 마음속에서 정리하여 표현해 낼 방법을 알지 못했다. 그것이 그를 불안하게 만들었다. 그는 점점 더 천천히 걸었다.

"너무, 너무 늦겠다," 그녀가 말했다. "성모 교회에서 벌써 열 번 쳤어."

하지만 그렇다고 그는 더 빨리 걷지 않았다. 드디어 그는 더듬거리며 말했다. "이제 앞으로 이년 동안 너는 나를 조금도 다시 보지 못할 거다. ― 내가 고향에 다시 오면, 너는 나를 지금같이 여전히 다정하게 맞이해주겠니?"

그녀는 고개를 끄덕였고 그의 얼굴을 다정하게 쳐다보았다.
— "나는 너를 변호도 했어," 그녀는 잠깐 망설이다가 말했다.

"나를? 누구를 상대로 그럴 필요가 있었어?"

"내 어머니를 상대로. 우리는, 네가 떠난 다음, 어제 저녁 너에 관해 한참 얘기했어. 어머니 생각에, 너는 이제 예전처럼 그렇게 착하지가 않다는 거야."

라인하르트는 한순간 잠잠했다. 하지만 다음 순간 그는 그녀의 손을 자신의 손에 꼭 쥐고 그녀의 청순한 눈을 진지하게 바라보며 말했다. "나는 그전처럼 지금도 마찬가지로 착해. 네가 그것을 제발 꼭 믿어 주었으면 해! 엘리자베스, 그걸 믿겠니?"

"그래," 그녀가 말했다. 그는 그녀의 손을 놓고 마지막 거리를 재빨리 그녀와 함께 지나갔다. 작별의 순간이 그에게 더 가까이 다가오면 올수록, 그의 얼굴은 더 행복하게 보였다. 그는 그녀가 따라가기에 너무 빨리 걸었다.

"왜 그래, 라인하르트?" 그녀가 물었다.

"내겐 비밀이, 아름다운 비밀이 하나 있어!" 그가 말하고는 눈을 번득이며 그녀를 바라보았다. "내가 이년 후에 다시 집에 오면, 너는 그것을 알게 될 거야."

그러는 동안 그들은 역체마차에 도달했다. 그들은 거의 때를 맞추었다. 라인하르트는 다시 한 번 그녀의 손을 쥐었다. "잘 가, 잘 살아, 엘리자베스, 그 말을 잊지 마."

그녀는 머리를 절레절레 흔들었다. "잘 가!" 그녀가 말했다. 라인하르트는 안으로 들어갔고, 말들은 달리기 시작했다.

마차가 길모퉁이를 덜커덕거리며 돌아가고 있을 때, 그는 그녀의 아름다운 자태를 다시 한 번 더 보고 또 그녀가 길을 천천히 되돌아가고 있는 것까지 보았다.

한 편지

거의 이년 뒤에 라인하르트는 책들과 서류들에 둘러싸여 램프 앞에 앉아 그와 공동연구를 하고 있는 한 친구를 기다리고 있었다. 누가 계단을 올라오고 있었다. "들어와요!" — 집주인 여자였다. "당신에게 온 편지예요, 베르너 씨!" 그리고 그녀는 다시 가버렸다.

라인하르트는 고향을 방문하고 온 후 엘리자베스에게 편지하지 않았고 또 그녀로부터 아무런 편지도 받지 못했었다. 이 편지도 그녀로부터 온 것이 아니었다. 그것은 어머니의 필적이었다. 라인하르트는 봉인을 뜯고 읽어 내려가며 다음 단락에 이르렀다.

"너의 연령대에서는 말이다, 거의 모든 연도(年度)에서 그 한 해는 그것만의 각별한 면모를 지니고 있단다. 그도 그럴 것이 젊음은 모든 것을 최상의 계좌로 바꾸는 경향이 있다. 여기서도 여러 변화가 있었는데, 내가 네 마음을 제대로 이해한다면, 그것이 처음 얼마 동안 너의 마음을 아프게 할 거다. 에리히가 그저께 마침내 엘리자베스로부터 수락(受諾)을 받아냈다. 그는 지난 삼 개월에 걸쳐 헛되이 두 번이나 그녀에게 청혼을 했었어. 그녀는 그것에 대해 번번이 마음을 정할 수가 없었지. 그러다가 이번에 드디어 마음을 굳혔다는구나. 그녀는 아직도 젊디젊어. 결혼식은 곧 있을 예정이고, 다음으로 그녀의 어머니는 그들과 함께 이곳을 떠날 거다."

임멘 호수

다시 몇 년이 또 흘러갔다. — 어느 따뜻한 봄날 오후에 건강미가 넘쳐흐르는, 햇볕에 그을린 얼굴을 한 어느 청년이 계곡쪽으로 내려가는 숲속 길을 걷고 있었다. 길의 단조로움에 결국 어떤 변화가 있을 것을 기대하고 있는 듯이 그는 진지한 회색빛 눈으로 긴장해서 먼데를 바라보기도 했지만 막막한 느낌은 지을 수가 없어, 옆으로 지나가는 농부에게 소리쳤다. "여봐요, 친구분," 여행자가 소리쳤다. "이 길로 쭉 가면 임멘 호수가 나오나요?"

"그냥 쭉 가시오," 남자가 말하며 둥근 모자를 매만졌다.

"거기까지 아직도 한참 가야 하나요?"

"선생님은 거기에 가까이 와 있소. 파이프 담배를 반도 채 못 피우고 호수에 도달할 테니, 바로 옆에는 장원(莊園) 저택이 있소."

농부는 지나갔고, 다른 인물은 나무 그늘 밑 길을 따라 발걸음을 재촉하였다. 십오 분 지나니까 그늘이 왼쪽 편에서 갑자기 끝이 나고 길은 절벽 하나를 끼고 계속 나 있었다. 백년 묵은 참나무들이 저 밑에서부터 거의 길 가까이 솟아올라 있고 그들 너머로 드넓은 풍경이 햇빛을 받으며 펼쳐져 있었다. 저 밑에 잔잔하고 검푸른 호수가 햇빛이 든 초록빛 숲에 거의 둘러싸여 있었다. 단지 한 지점에서만 숲이 갈라져 넓은 전망이 펼쳐지고, 그 끝에는 푸른 산들이 병풍처럼 둘러서 있었다. 맞은편 녹음이 우거진 비스듬한 숲 가운데에 눈이 덮인 자락처럼 보이는 곳이 있었는데, 그곳은 꽃을 피우고 있는 과일 나무들이었고, 거기서부터 이어지는 호수 언덕 위에 붉은 타일을 한 흰색 장원 저택이 우뚝 솟아 있었다. 황새 한 마리가 굴뚝에서 날아오르더니 물 위에서 천천히 원을 그리며 돌았다. "임멘 호수다!" 여행자가 소리쳤다. 그는 이제 거의 여행의 목표에 도달한 것 같았다. 왜 그런가 하니 그가 이제 부동의 자세로 서서 발밑 나무들의 우듬지들 너머 반대편에 있는 호숫가 언덕을 바라보고 있었는데, 거기엔 장원의 투영상(投影像)이 가만히 흔들리며 수면 위에 떠있었다. 그러더니 그는 갑자기 계속해서 길을 갔다.

이제 내리막 산길이 거의 가파르게 뻗어내려 밑에 있는 나무들은 다시 그늘을 허락했지만, 동시에 나뭇가지들 사이로만 간간이 내비쳤던 호수에 대한 조망을 차단하였다. 곧 다시 길이 완만하게 위로 뻗었고 수풀이 좌우 양옆에서 이제 사라졌다. 그 대신 길을 따라 포도나무들이 촘촘히 들어섰고, 양쪽 뒤로는 꽃이 피고 있는 과일나무들이 들어서 있었는데, 가운데서 꿀벌들이 붕붕거리며 꽃에서 꽃으로 헤집고 다녔다. 갈색 외투를 입은 한 건장한 남자가 그를 향해 걸어왔다. 그가 그의 앞에 거의 가까이 왔을 때, 그는 모자를 흔들며 명쾌한 목소리로 소리쳤다. "잘 왔네, 잘 왔어, 라인하르트 형제! 임멘 호수 장원으로 잘 왔네!"

"하늘의 은총이 자네에게 있기를, 에리히, 또 너의 환영인사에 감사하네!" 다른 친구가 그를 향해 소리쳤다.

그런 다음 그들은 서로에게 다가와서 악수를 나누었다. 에리히가 오랜 학교 친구의 진지한 얼굴을 찬찬히 들여다보며, 말했다. "그런데 네가 정말 맞지?"

"그럼 나지 누구야, 에리히, 또 너는 그런대로 알아보겠어. 단지 네가 전에 늘 그랬던 것보다 이제는 조금 더 명랑해 보여."

이 말을 듣고 에리히의 평범한 얼굴에 즐거운 미소가 퍼져, 표정이 훨씬 더 명랑하였다. "그 말 맞아, 라인하르트 형제," 그가 말하면서 후자에게 다신 한번 손을 내밀었다. "그런데 또한 그런 시절을 겪고 나서 한 행운을 만났어. 너도 그걸 잘 알고 있지." 그리고는 박수치며 그가 만족한 듯 소리쳤다. "깜짝 놀랄 일이 될 거야! 그녀가 전혀 예상치 못할, 꿈에서도 예상치 못할 손님이네!"

"깜짝 놀랄 일이라고?" 라인하르트가 물었다. "도대체 누구에게 그렇다는 건가?"

"엘리자베스에게."

"엘리자베스! 그녀에게 나의 방문에 관해 말하지 않았단 말이지?"

"한마디도 안했어, 라인하르트 형제. 그녀도 그녀 어머니도 네 생각은 하고 있지 않아. 나는 너를 아주 비밀리에 초대 했는데, 그렇게 해서 기쁨이 그만치 더 크게 되도록 말이지. 너도 알다시피, 나는 언제나 그런 식으로 조용하고 작은 기획들을 추진했거든."

라인하르트는 사색에 잠겼다. 그들이 저택에 점점 더 가까이 감에 따라 그의 숨결은 더 무거워지는 듯했다. 이제 길의 왼편에서는 포도원들도 끝이 났고 그 뒤를 이어 광활한 야채원 한 곳이 들어섰는데, 그것은 거의 호숫가에까지 뻗어 있었다. 황새는 그러는 동안 내려앉아서는 보무당당히 채소밭 사이를 돌아다녔다. "휘이!" 하고 손뼉을 치며 에리히가 소리쳤다. "저 장다리 이집트 녀석이 짧게 자란 완두콩 순을 다시 훔치지 못하게 하려고!" 새는 천천히 솟아올라 야채밭 끝에 있는 한 새 건물의 지붕 위로 날아갔다. 건물 담장들 위로 뻗도록 복숭아나무들과 살구나무들의 가지들을 위를 향하게 묶어 놓았다. "저건 포도주 양조장이야," 에리히가 말했다. "나는 단지 이년 전에 그것을 지었어. 농장 건물은 작고한 부친이 다시 짓게 했어. 주택은 이미 조부에 의해 지어진 것이고 말이야. 그러니까 한 번에 그저 조금씩 앞으로 나가는 거야."

정원으로 나가는 문 앞 테라스에 흰옷을 입은 소녀차림의 한 여인이 앉아 있었다. 그녀는 일어서서 들어오는 이들을 맞이하기 위해 걸어왔다. 그러나 반쯤 와서는 마치 붙박인 듯이 서서는 몸 하나 까딱하지 않고 낯선 이를 응시했다. 그는 그녀에게 미소 지으며 손을 내밀었다. "라인하르트!" 그녀가 소리쳤다. "라인하르트! 어머나, 너로구나! — 우린 오랫동안 서로 못 보았어."

"오래 못 봤지," 그가 말하고는 더 이상 말할 수가 없었다. 그도 그럴 것이 그가 그녀의 목소리를 들었을 때, 가슴에 어떤 예리한 육체적 고통을 느꼈고, 또 그가 그녀를 쳐다보았을 때, 그의 앞에는 그가 수년 전에 고향도시에서 작별인사를 건넸던 바로 그와 똑같이 날씬하고 부드러운 자태가 서 있었던 것이다.

에리히는 기쁨에 넘치는 얼굴로 문 옆에 그냥 머물러 서 있었다. "자, 엘리자베스," 그가 말했다. "내 말이 맞지? 너는 저 친구를 전혀 예기치 못했지!"

엘리자베스는 그를 누이 같은 눈으로 바라보았다. "그대는 아주 착하네, 에리히!" 그녀가 말했다.

그는 그녀의 가냘픈 손을 다정하게 손에 쥐었다. "이제 저 친구가 우리 집에 와 있으니," 그가 말했다. "그를 곧 다시 돌려보내는 일은 없을 거야. 그가 그처럼 오랫동안 객지에 있었으니, 우리가 그를 다시 고향사람으로 만들자고. 잘 봐, 그는 낯설고 고귀한 풍채를 하고 있어."

엘리자베스의 수줍은 시선이 라인하르트의 얼굴을 살폈다. "단지 우리가 함께 하지 못했던 시간 때문이야," 그가 말했다.

이 순간 그녀의 어머니가 한 작은 열쇠 주머니를 팔에 걸치고 방문을 열고 들어왔다. 그녀가 라인하르트를 바라보았을 때, "베르너 씨," 그녀가 말했다. "어머나, 이 뜻밖에 찾아온 사랑스러운 손님이구만." - 그리고는 질문과 응답으로 엮어진 대화는 순조롭게 진행되었다. 여인들은 그들의 일거리를 시작하는가 하면, 다른 편에서는 라인하르트가 자신을 위해 마련된 다과(茶菓)를 즐기고 있는 동안, 에리히는 그의 묵직한 해포석(海泡石)으로 만든 파이프 담뱃대에 불을 붙여 물고는, 그의 친구 옆에 앉아, 담배연기를 뿜어대며 대화를 나누었다.

그 다음 날 라인하르트는 에리히와 더불어 밭들, 포도원들, 홉 재배원을 둘러보기 위하여 밖으로 나갔다. 모든 것이 잘 정돈되어 있었다. 들판에서 큰 증류 통 앞에서 일하고 있던 사람들은 모두 건강하고 만족스런 모습이었다. 점심때는 가족이 정원을 마주보는 응접실에서 모여 앉았다. 에리히는 항상 시간이 허락하는 한 응접실에 참석했다. 다만 저녁 먹기 전의 시간들은 이른 오전 시간들과 마찬가지로 라인하르트는 그의 방에서 작업하며 보냈다. 그는 수년 전부터, 그가 접(接)할 수 있었다면, 서민들 생활의 일부를 반영하는 시구(詩句)들을 수집해 왔었고, 이제 그의 보물을 정리하고 또, 가능하다면, 인근지역에서 흘러나오는 새로운 기록들을 첨가하는 작업에 착수했다. 엘리자베스는 어느 때나 온순하고 친절하였다. 에리히의 늘 한결같은 보살핌을 그녀는 거의 겸손하고 감사하는 마음으로 받아들였다. 라인하르트는 옛적에 명랑했던 아이가 아마도 덜 조용한 여인이 될 가능성을 충분히 지녔겠다고 가끔 생각했다.

그는 방문 이틀째부터 저녁이면 호숫가로 산책을 나가곤 했다. 길은 정원 바로 밑을 따라 나 있었다. 길이 끝나면서 앞으로 뻗어있는 토루(土壘) 위에 벤치 하나가 높이 자란 자작나무들 밑에 있었다. 그녀의 어머니는 그것을 저녁 벤치라고 명명했는데, 그 까닭은 장소가 서쪽을 향해 있고 또 저녁노을을 보기 위해 주로 그 시간대를 이용했기 때문이었다. 라인하르트가 어느 날 저녁 산책을 끝내고 이 길로 돌아오고 있을 때, 갑작스럽게 비를 맞게 되었다. 그는 물가에 있는 한 보리수나무 밑으로 피신을 했다. 그러나 굵은 빗방울들이 곧 잎 사이로 떨어졌다. 그는 흠뻑 젖었지만, 자신을 운명에 맡기고 천천히 귀로를 계속했다. 주위는 거의 어둑어둑했다. 비는 더욱 세차게 내렸다. 그가 저녁 벤치에 다가갔을 때, 그는 번득이는 자작나무들 사이로 흰옷 차림의 한 여인의 형체를 보았다고 상상했다. 그가 더 가까이 가서 형체가 누군지 알아볼만 하자, 그녀는 아무런 움직임이 없이 있다가, 누구를 기다리는 듯이 얼굴을 그가 있는 쪽으로 돌렸다. 그는 그것이 엘리자베스라고 믿었다. 하지만 그가 그녀를 따라잡고 그녀와 함께 정원을 지나 집 안으로 들어가려고 걸음을 더욱 재빨리 재촉하였을 때, 그녀는 천천히 몸을 돌리더니 어두운 샛길로 사라졌다. 그는 그녀의 행위를 헤아릴 수가 없었다. 하지만 그것이 정말 그녀였는지 의심하였음에도, 그는 엘리자베스에 대해 거의 화가 나 있었다. 그러나 그것을 그녀에게 직접 물어보는 것은 꺼렸다. 그렇다, 그가 귀가했을 때 정원 응접실로 들어가지 않았는데, 그것은 아마도 정원 쪽 문으로 들어올지도 모를 그녀와 맞닥뜨리지 않기 위함이었다.

나의 어머니가 그렇게 원했네

그 후 며칠 뒤, 거의 저녁 무렵에 가족은 정원 응접실에, 보통

이맘때쯤 늘 그러듯이, 함께 앉아 있었다. 문들은 열려 있고, 해는 이미 호수 저편 수풀 너머로 기울었다.

라인하르트는 그날 오후에 시골에 사는 한 친구로부터, 우편으로 받은 몇몇 민요들을 낭독하라는 청을 받았다. 그는 방으로 가서 곧바로 종이 뭉치 하나를 갖고 돌아왔는데, 그것은 정서(淨書)로 쓰인 낱장들로 구성되어 있는 것 같았다.

그들은 모두 식탁 주변에, 엘리자베스는 라인하르트 옆에, 앉았다. "우리 그냥 무작위로 읽도록 하지," 그가 말했다. "나 자신도 그것들을 채 훑어보지도 않았어."

엘리자베스가 원고를 펼쳤다. "자, 여기에 음표가 있어," 그녀가 말했다. "라인하르트, 너는 그걸 노래해야 해."

그리하여 그는 티롤 지방의 요들송08 가사들을 몇 개 낭독했는데, 그러면서 때에 따라 경쾌한 멜로디를 낮은 목소리로 읊조리기도 했다. 어떤 명랑한듯한 분위기가 작은 모임을 지배했다.

"그런데 정말 아름다운 가요들을 도대체 누가 만들었을까?" 엘리자베스가 물었다.

"아이고," 에리히가 말했다. "그걸 들어보면, 그들이 무사태평한 자들인 걸 알 수 있지. 재단사 견습공들, 이발사들. 그처럼 즐겁게 지껄여대는 자들이지."

---

08 원문의 "Schnaderhüpferl 슈나다 휘펄"은 '구애(求愛)의 내용을 담은 즉흥 알프스 요들송'임.

라인하르트는 말했다. "그것들은 누가 지어낸 것이 아냐. 그것들은 그냥 자라나고, 공중에서 떨어져 내리고, 잔 거미줄 처럼 온 땅에 퍼져 이리저리 날아다니다가 수많은 곳에서 동시에 읊조려지는 거지. 우리들은 이 노래들 속에서 우리의 내밀(內密)한 행위와 괴로움을 발견하는 거야. 그러니까 그것들이 생겨나는 데에 우리가 동조했다고도 볼 수 있는 거지."

그는 다른 종잇장 하나를 들었다. "나는 산마루에 서 있었다…"

"그건 내가 아는데!" 엘리자베스가 소리쳤다. "라인하르트, 시작만 해봐, 내가 너를 도와줄게." 그래서 그들은 그 유명한 가락을 함께 불렀는데, 그것이 하도 신비해서 그것이 사람들이 고안해낸 것이라고는 믿기 어려웠다. 엘리자베스는 그녀의 다소 암영이 감도는 콘트라알토로 젊은이의 테너에 응수하였다.

어머니는 그러는 동안 부지런히 바느질을 하며 앉아 있었다. 에리히는 두 손을 마주 잡고 경건하게 듣고 있었다. 노래가 끝났을 때, 라인하르트는 종잇장을 말없이 옆으로 밀어놓았다. 호숫가로부터 저녁의 정적을 뚫고 소떼의 방울 소리가 들려왔다. 그들은 자기도 모르게 귀를 기울였다. 그때 그들은 노래하는 소년의 낭랑한 목소리를 들었다.

나는 높은 산마루에 서서

깊은 계곡을 내려다보았노라…

라인하르트는 미소 지었다. "저 노래 잘 들리지? 저렇게 입에서 입으로 전해지는 거지."

"저 노래는 이 지방에서 가끔 부르는 건데," 엘리자베스가 말했다.

"그래," 에리히가 말했다. "저건 목동 카스파다.[09] 그는 어린 암소들을 집으로 몰고 가고 있는 거야."

위에서 들려오는 방울소리가 농사(農舍) 뒤로 사라질 때까지 그들은 조금 더 경청하였다.

"저것들은 태고(太古)적부터 내려오는 선율이야," 라인하르트가 말했다. "저것들은 숲 깊은 곳에서 잠자고 있었는데, 누가 저것들을 찾아냈는지 신(神)은 알지."

이제는 더 어두워졌다. 붉은 저녁노을이 호수 저편 수풀들 위에 거품처럼 퍼져 있었다. 라인하르트가 종잇장을 펼쳤다. 엘리자베스는 한쪽에 그녀의 손을 올려놓고 내용을 함께 들여다보았다. 그런 다음 라인하르트가 읽었다.

나의 어머니는 그걸 원했어,

나는 다른 사람을 택해야 한다네,

09 원문의 이름 "Kaspar 카스파"와 유사음인 'Kasper 카스퍼. 어릿광대'는 일종의 유음 중첩으로 작가는 이를 통해 에리히의 다소 편향된 입장을 암시함.

내가 먼저 소유했던 것을
내 마음은 잊어야 해.
내 마음은 그걸 원치 않았네.

내 어머니를 지탄하네,
그녀는 내게 고통을 안겨주었네.
전에 명예로웠던 것이
이제 죄가 되었네.
내 어찌 할꼬!

모든 나의 긍지와 기쁨 대신
나는 슬픔을 얻었네.
아, 그 일이 없었더라면,
아, 내가 동냥을 다닐 수 있다면,
저 갈색 황야도 지나가려니!

읽어 내려가는 동안 라인하르트는 종잇장의 미세한 떨림
을 감지하였었다. 그가 읽기를 끝냈을 때, 엘리자베스는 그녀
의 의자를 가만히 뒤로 밀고는 말없이 정원 안으로 내려갔다.
어머니의 눈초리는 그녀를 따라갔다. 에리히는 뒤따라가고자
했다. 그러나 어머니가 말했다. "엘리자베스는 밖에서 할 일
이 있네." 그래서 그는 그냥 머물러 앉아 있었다.

하지만 바깥에서는 저녁이 점점 더 정원과 호수 위로 퍼져

나가고, 나방들은 윙윙거리며 열린 문들 옆을 날아가고, 문들을 통해서는 꽃들과 관목들의 향기가 점점 더 짙게 풍겨왔다. 물가로부터는 개구리들의 울음소리가 들려오고, 창문들 밑에서는 나이팅게일 한 마리가 울어대고, 정원 깊숙한 곳에서 또 다른 나이팅게일이 울었다. 달은 나무들 위를 비추고 있었다. 라인하르트는 한동안 엘리자베스의 멋진 자태가 잎이 우거진 정원길들 사이에서 사라져버린 곳을 물끄러미 바라보았다. 그런 다음 그는 원고를 다시 둘둘 말고, 남아있는 사람들에게 밤 인사를 하고는 저택을 통과해서 물가로 나아갔다.

숲들은 묵묵히 서서 그들의 어두움을 멀리 호수 위로 던지고 있었다. 호수의 중앙은 뿌유스름한 달빛에 빛나고 있었다. 이따금씩 나무들 사이로 가볍게 살랑거리는 소리가 났다. 하지만 바람은 없고, 그것은 단지 여름밤의 숨 쉬는 소리였다. 라인하르트는 그냥 호숫가를 따라 걸었다. 육지에서 돌을 던지면 도달할 수 있는 거리에 흰 수련(垂蓮) 하나가 떠있는 것이 그의 눈에 띄었다. 갑자기 그것을 가까이에서 보고 싶은 욕망이 솟아올랐다. 그는 옷을 벗어 던지고 물속으로 들어갔다. 물은 얕았다, 날카로운 식물들과 돌들이 그의 양 발을 베었고, 그는 여전히 헤엄치기에 필요한 깊이에 이르지 못했다. 그러다가 그의 발밑이 푹 빠지더니, 물이 그의 머리 위에서 소용돌이치고, 얼마가 지나서야 그는 물 위로 다시 머리를 처들 수 있었다. 이제 그가 어디서 물속으로 뛰어들었는지를 알아낼 때까지 원을 그리며 빙글빙글 헤엄쳤다. 곧 그는 수련도 다시 보았다. 그것은 번득이는 큰 잎들 사이에서 고적하게 떠있었다. — 그는 천천히 그리로 헤엄쳐 나갔고, 이따금씩 그의 팔들을 물에서 치켜들었고, 흘러 떨어지는 물방울들은 달빛 속에서 번쩍였다. 그러나 마치 그와 꽃 사이의 거리는 좁혀지지 않는 것 같은 느낌이 들었다. 그가 뒤돌아볼 때마다 호숫가는 그의 뒤로 옅은 안개 속에서 점점 더 불확실하게 보였다. 하지만 그는 모험을 포기하지 않고, 같은 방향으로 굳세게 헤엄쳐 나갔다. 드디어 그가 은빛 잎들을 달빛 속에서 분명히 구분할 수 있을 정도로 그렇게 가까이 꽃에 다가갔다. 그러나 그는 동시에 그 자신이 어떤 그물에 걸려 든 것같이 느꼈다. 매끄러운 수중식물 가지들이 바닥으로부터 뻗어 올라 그의 벌거벗은 사지(四肢)에 휘감겼다. 낯선 물은 그의 주위에서 온통 검은 빛을 발했고, 그의 뒤에서 그는 물고기 한 마리가 뛰어오르는 소리를 들었다. 갑자기 그는 낯선 환경이 무시무시한 느낌이 들어서, 숨 가쁘게 급히 육지로 헤엄쳤다. 그가 물가에서 호수 위를 뒤돌아보았을 때, 수련은 조금 전과 다름없이 멀리서 또 고적하게 검푸른 깊은 물위에 떠 있었다. — 그는 옷을 입고 천천히 집을 향해 되돌아갔다. 그가 정원에서 응접실로 들어섰을 때, 그는 에리히와 그녀의 어머니가 짧은 사업여행을 하기 위한 준비를 하고 있는 것을 보았는데, 그들은 그 다음 날 떠날 예정이었다.

"당신은 도대체 그렇게 밤늦게까지 어디 가 있었단 말이오?" 그녀 어머니가 그를 향해 소리쳤다.

"나요?" 그가 대답했다. "나는 수련을 찾아보고자 했어요. 하지만 잘 되지 않았어요."

"원 세상에, 어느 누구도 그런 말을 이해하지 못하네!" 에리히가 말했다. "자네가 도대체 그 수련하고 무슨 관계가 있단 말인가?"

"나는 전에 한번 그 꽃과 친분을 맺은 적이 있었어," 라인하르트가 말했다. "하지만 그건 벌써 오래전 일이야."

엘리자베스

그 다음 날 오후에 라인하르트와 엘리자베스는 호수 저편으로 산책을 나갔는데, 어떤 때는 잡목 숲을 지나기도 했고, 또 어떤 때는 호숫가 절벽을 걷기도 했다. 엘리자베스는 에리히로부터 그와 그녀 어머니가 부재하는 동안 인근의 가장 아름다운 전망 지점(地點)들을, 특히 반대편 호숫가에서 장원 자체를 잘 볼 수 있는 지점을 라인하르트에게 소개하라는 분부를 받았다. 그렇게 해서 그들은 이제 한 지점에서 다른 지점으로 걸어갔다. 그러다 보니 엘리자베스는 피로하게 되어 아래로 늘어진 나뭇가지들 밑 그늘에 앉았고, 라인하르트는 그녀와 마주하며 한 나무 둥치에 기대어 서 있었다. 그때 숲속 깊은 곳에서 뻐꾹새의 울음소리가 들려오니, 이 모든 것이 과거 한때도 그러했었다는 생각이 불현 듯 그의 머리를 스쳤다. 그는 이상야릇하게 미소 지으며 그녀를 바라보았다. "우리 딸기 찾으러 갈까?" 그가 물었다.

"지금은 딸기 철이 아냐," 그녀가 말했다.

"하지만 그 시기는 곧 올 거야."

엘리자베스는 말없이 머리를 가로저었고 자리에서 일어났다. 그런 다음 두 사람은 나들이를 계속했다. 그녀가 그처럼 그의 옆에서 걷고 있자니까, 그의 시선은 자꾸 그녀 쪽으로 향했다. 그도 그럴 것이 그녀의 걸음걸이는 아름다웠고, 또 마치 그녀가 그녀의 옷에 실려 가는 듯, 가뿐했다. 그는 가끔 자기도 모르게 한 걸음 뒤로 물러서곤 했는데, 그것은 그녀의 자태를 전체적으로 또 충분히 바라보기 위함이었다. 그리하여 그들은 먼 경치를 바라보기 좋은, 앞이 확 트이고 히스가 무성한 장소에 도달했다. 라인하르트는 허리를 굽히고 그 땅에서 자라고 있는 작은 식물들 가운데서 어느 하나를 꺾었다. "너는 이 꽃을 알고 있니?" 그가 말했다.

그녀는 그를 의아하게 바라보았다. "그것은 에리카[10]야. 나는 그것을 숲 속에서 가끔 꺾었어."

---

10 원문의 'Erika 에리카'는 히스 속의 자주색 또는 빨간 색의 키가 작은 관목 (진달래 과에 속함).

"나는 집에 오래된 책이 하나 있어," 그가 말했다. "나는 전에 온갖 노래들과 시구(詩句)들을 거기에 적어놓곤 했어. 하지만 그건 오래전 일이야. 그 페이지들 사이에 에리카도 하나 있어. 하지만 그건 그저 시든 거야. 누가 그것을 내게 주었는지 너는 알아?"

그녀는 묵묵히 고개를 끄덕였다. 하지만 그녀는 눈을 내리깔고 있었고 그가 손에 쥐고 있던 그 작은 꽃만을 바라보고 있었다. 그렇게 그들은 한참 서 있었다. 그녀가 그를 향해 눈을 쳐들었을 때, 그녀의 눈이 눈물로 차있는 것을 그는 보았다.

"엘리자베스," 그가 말했다. "저 푸른 산들 너머에 우리의 청춘이 깃들어 있어. 그것은 어떻게 된 거지?"

그들은 더 이상 말하지 않았다. 그들은 말없이 나란히 호수로 내려갔다. 공기는 무더웠고, 서쪽에서는 검은 구름이 피어올랐다. "폭풍우가 몰려오네," 엘리자베스가 발길을 재촉하며 말했다. 라인하르트는 말없이 고개를 끄덕였고, 두 사람은, 그들이 작은 배에 도달할 때까지, 재빨리 호숫가를 따라 걸었다.

그들이 호수 위를 지나가는 동안 엘리자베스는 손을 뱃전에 올려놓고 있었다. 그는 배를 저으면서 그녀 쪽을 바라보았다. 하지만 그녀는 그를 지나 먼 곳을 바라보고 있었다. 그래서 그의 시선은 아래쪽을 향했고 그녀의 손 위에 머물렀다. 그리고 이 창백한 손은 그에게 그녀의 얼굴이 그에게 내색하지 않았던 것을 은연중에 드러내고 있었다. 그는 그 손에서 저 은

밀한 고통의 섬세한 흔적을 보았는데, 그러한 것은 밤에 아픈 가슴 위에 올려놓은 아름다운 여인 손에 쉽사리 깃들어 있는 특징이다. ─ 엘리자베스는 그의 시선이 그녀의 손 위에 머물러 있는 것을 의식하자, 그녀는 손을 천천히 뱃전 너머 물속으로 미끄러트렸다.

장원(莊園)에 도착했을 때, 그들은 우연히 저택 앞에서 칼 가는 사람의 달구지와 마주쳤다. 아래로 흘러내리는 검은 곱슬머리를 한 남자가 부지런히 페달을 밟아 바퀴를 돌리며 이빨 사이로는 어떤 집시 가락을 웅얼거리고 있었고, 바로 그 옆에서는 마구가 부착된 개 한 마리가 숨을 헐떡이며 누워 있었다. 현관 앞에는 누더기를 걸친 초췌한 미모(美貌)의 소녀가 동냥을 하며 엘리자베스에게 손을 내밀었다.

라인하르트는 주머니에 손을 집어넣었다. 그러나 엘리자베스가 그를 앞질러 성급히 그녀 지갑에 든 돈 모두를 거지 여인의 벌린 손에 쏟아 부었다. 그 다음 그녀는 급히 자리를 떴고, 라인하르트는 그녀가 흐느끼며 층계를 올라가는 소리를 들었다.

그는 그녀를 제지하려고 했으나, 순간 마음을 고쳐먹고 층계 밑에 그냥 서 있었다. 소녀는 동냥으로 받은 돈을 그대로 손에 쥔 채 여전히 현관에 요지부동으로 서 있었다. "너는 아직도 무엇을 더 원하니?" 라인하르트가 물었다.

그녀는 소스라치게 놀랐다. "나는 더 원하는 것이 없어요,"

소녀가 말했다. 그러더니 머리를 그에게 다시 돌리고 그를 넋이 나간 눈초리로 노려보더니 천천히 문을 향해 나갔다. 그는 어떤 이름을 외쳤지만, 그녀는 그것을 더 이상 듣지 않았다. 머리를 숙이고 두 팔을 가슴 위로 마주 잡고서 집 마당을 가로질러 아래로 내려갔다.

죽는 것, 아! 죽는 것은
나 혼자 해야 해!

오래 된 노래가 그의 귓가에서 윙윙거렸고 그의 숨은 멎었다. 그것은 단지 잠시였고, 그는 자리를 떠나 그의 방으로 올라갔다.

그는 작업하기 위하여 자리에 앉았지만, 아무 생각이 없었다. 그는 한 시간 가량 공연히 그렇게 애쓰다가 아래층 거실로 내려갔다. 거기엔 아무도 없고 오직 서늘한 초록빛 어스름뿐이었다. 엘리자베스의 재봉대 위에는 그녀가 그날 오후에 목에 걸쳤던 붉은색 리본이 놓여 있었다. 그는 그것을 손에 집어 들었으나 마음이 아팠다. 그래서 그는 그것을 다시 내려놓았다. 그는 마음의 안정을 찾지 못한 나머지, 호숫가로 내려가 매여 있는 배를 풀었다. 그는 건너편으로 배를 저어가서 조금 전에 엘리자베스와 함께 거닐었던 모든 길을 다시 한 번 걸었다. 그가 다시 집에 왔을 때는 어둑어둑 하였다. 저택 앞마당에서 그는 마부와 마주쳤는데, 후자는 마차 끄는 말들을 이제 목초지로 데려다 놓을 참이었다. 여행자들이 막 돌아온 후였다. 그가 대청마루에 들어섰을 때, 그는 정원 응접실에서 에리히가 뚜벅뚜벅 왔다 갔다 하는 소리를 들었다. 그는 그를 보러 안으로 들어가지 않았다. 그는 한순간 조용히 서 있다가 가만히 층계를 올라가 그의 방으로 갔다. 여기서 그는 창가에 있는 한 안락의자에 앉았다. 그는, 그가 저 밑 주목(朱木) 산울타리들 가운데서 지저귀고 있는 밤 꾀꼬리들을 경청하기를 원하는 듯이, 포즈를 취했다. 하지만 그는 자기 심장의 고동소리만을 듣고 있었다. 아래층 집 안에서 모든 것은 휴식에 들어갔다, 밤은 흘러가고, 그는 그것을 느끼지 않았다. ― 그렇게 그는 몇 시간을 앉아 있었다. 드디어 그는 일어서서 열린 창밖을 내다보았다. 밤이슬은 잎사귀들 사이로 뚝뚝 떨어지고 있었고, 밤 꾀꼬리는 지저귐을 그쳤었다. 점차로 밤하늘의 검푸름도 동녘으로부터 한 창백하게 누런 미광(微光)에 의해 밀려나고 있었다. 신선한 바람이 일어나 라인하르트의 뜨거운 이마를 스쳤다. 이른 종달새는 환호하며 공중으로 솟아올랐다. ― 라인하르트는 갑자기 돌아서서 책상으로 갔다. 그는 연필을 더듬어 찾았고, 그것을 발견했을 때, 그는 앉아서 흰 종잇장 위에 몇 줄을 적었다. 그가 그 일을 끝냈을 때, 그는 모자와 지팡이를 집어 들고, 종이는 뒤에 놔둔 채, 조심스럽게 방문을 열고는, 대청마루로 내려갔다. ― 어스레한 새벽 기운이 아직도 모든 구석에 서리어 있었다. 큰 집 고양이는 지푸라기 명석 위에서 사지(四肢)를 쭉 뻗고는 그가 아무 생각 없이 내민 손에 등을 곤두세웠다. 하지만 바깥 정원에서는 벌써 참새들이 나뭇가지들 사이로 재잘거리며 모든 이들에게 밤은 지나갔다고 말하고 있었다. 그때 그는 이층에서 방문이 열리는 소리를 들었다. 누군가가 층계를 내려오고 있었다, 그리고 그가 올려다보았을 때, 엘리자베스가 그의 앞에 와 서 있었다. 그녀는 손을 그의 팔에 올려놓았고, 그녀의 입술은 움직였다. 그에겐 한마디도 안 들렸다. "너는 다시 오지 않을 거지?" 드디어 그녀가 말했다. "나는 잘 알고 있어, 거짓말 하지 마. 너는 영원히 오지 않을 거야."

"결단코 오지 않을 거야," 그가 말했다. 그녀는 손을 내리고 아무 말도 더 하지 않았다. 그는 대청마루를 지나 문을 향해 걸어갔다. 다음 그는 다시 한 번 뒤돌아보았다. 그녀는 움직임이 없이 같은 자리에 서서 그를 죽은 눈으로 바라보고 있었다. 그는 한 걸음 앞으로 내딛고 그녀를 향해 두 팔을 벌렸다. 다음 순간, 그는 강력한 의지로 몸을 돌리더니 집문 밖으로 나갔다. ― 밖에서는 세계가 신선한 아침 햇살을 받고 있고, 거미줄들에 걸려 있던 이슬방울들은 첫 햇살을 받고 번쩍이고 있었다. 그는 뒤 돌아보지 않았다. 그리고 그의 뒤에서 고요한 농장은 점점 더 시야에서 사라졌고, 그의 앞에서는 크고 넓은 세계가 솟아올랐다.

노인

달은 더 이상 창문 유리를 통해 비치지 않고, 이제는 어두워졌다. 하지만 노인은 여전히 두 손을 마주 잡고 그냥 안락의자에 앉아서, 방 안의 빈 공간을 멍하니 바라보고 있었다. 점차로 그의 눈앞에서 그를 감싸고 있는 음산한 어둠은 어느 드넓은 검푸른 호수로 변했다. 검은 물결들이 연이어 더 깊고 점점 더 멀게 굽이쳤고, 노인의 시선이 거의 따라잡을 수 없던 그 먼 마지막 물결 위에 흰 수련 하나가 고적하게 넓은 잎들 사이에 둥둥 떠 있었다.

방문이 열리더니 밝은 등불 하나가 방 안을 비추었다. "당신이 오길 잘 했소, 브리기테," 노인이 말했다. "등불을 그냥 책상 위에 놓아 줘요."

그 다음 그는 의자를 책상 가로 끌어당기고, 펼쳐진 책들의 하나를 집어 들고는 그가 한때 청춘의 정력을 온통 쏟아 부었던 연구주제들에 몰두했다.

테오도어 슈토름 연보

1817 한스 테오도어 볼드젠 슈토름(Hans Theodor Woldsen Storm)은 후줌 (Husum)에서 변호사 요한 카시미르 슈토름(Johann Casimr Storm)과 그 의 아내 루시 볼드젠(Lucie Woldsen)의 첫 아이로 태어나다.

1821 조부모 볼드젠의 집으로 이사. 사립초등학교에 입학하다.

1826 4년제 중학교의 최하급 반(Quarta)에 입학하다. 초기 시들을 쓰다.

1835 뤼벡에 있는 카타리네움 고등학교로 전학. 괴테의 희곡《파우스트》를 알 게 되고 하이네와 아이헨도르프의 시들에 접하다.

1838 베를린 대학에 입학. 친구들과 드레스덴에 4주간 체류.

1840 초기 시들을 출판. 전설, 동화, 가요 수집의 시작.

1842 키일(Kiel)에서 5년 전 시작했던 법 공부를 끝마치고 사법 국가시험을 통 과하고 나서 후줌으로 돌아와 아버지의 법률 사무실에서 연수하다.

1843 2월에 자신의 변호사 사무실을 개장하고 업무 시작. 노래클럽의 창설. 11월에 슈토름의 시 40편을 포함한《세 친구의 가요집 Liederbuch dreier Freunde》이 출간되다.

1846 9월 15일: 제게베르크(Segeberg)에서 사촌 누이동생 콘스탄체 에스마르 히(Con nstanze Esmarch, 1825~65)와 결혼식을 올리다.

1847 후에 슈토름의 두 번째 부인이 된 도로테아 엔젠(Dorothea Jensen, 1828~1903)과 애정관계에 돌입하다.

1848 도로테아 엔젠이 후줌을 떠남. 첫 아들 한스(Hans)가 태어남. '애국 원조 협회의 국장'(Sekretär des "patriotischen Hülfsvereins")이 되다.

1849 노밸레《임멘 호수 Immensee》초본 발행. 5월: 덴마크와의 '동군연합'[01]을
    폐지하고 덴마크 왕에 대해 슐레스비히-홀슈타인(Schleswig-Holstein)
    지역에 대한 실권(失權)을 선언하는 진정서에 서명하다.

1850 7월 24~25: 슐레스비히-홀슈타인 군대가 이드슈테트(Idstedt)에서 덴마
    크 군대에게 격퇴됨. 11월: 에두아르트 뫼리케(Eduard Mörike)와 서신교
    류 시작하다.

1851 둘째 아들 에른스트(Ernst)의 출생. 슐레스비히-홀슈타인의 민족운동을
    공개적으로 지지하다.

1852 후줌에서 변호사로서의 발령이 덴마크 국왕에 의해 취소됨. 12월: 프로
    이센의 법무부에서 근무하기 위해 베를린으로 여행. 첫 〈시집 Gedichte〉
    출간되다.

1853 셋째 아들 카를(Karl)의 출생. 프로이센의 시보(試補)로 임명되어 포츠담
    으로 이주하다.

1854 아이헨도르프(Eichendorff)와 상봉. 파울 하이제(Paul Heyse)와 서신교류
    시작하다.

1855 딸 리스베트(Lisbeth)의 출생. 슈투트가르트에서 뫼리케 방문하다.

1856 지방법원 판사로 임명되어 에르푸르트 지역의 하일리겐슈타트
    (Heiligenstadt)로 이사하다.

1857~64 중단편 소설들.《대학시절 Auf der Universität》등. 슐레스비히-홀슈
    타인의 재연된 민중봉기. 두 딸 루시(Lucie, 1860)와 엘사베(1863) 출생
    하다.

1864 후줌의 신분제의회(Ständeversammlung)에 의해 지방 태수(Landvogt)로
    임명되어 3월 15일 쥬더슈트라세(Süderstrasse) 12번지 저택으로 귀향.

1865 딸 게르트루드(Gertrud)의 출생. 5월 20일 부인 콘스탄체의 사망. 바덴-
    바덴으로 여행. 투르게네프(Turgenjev)와 만나다.

1867 프로이센에 의해 합병된 슐레스비히-홀슈타인의 행정개혁의 지침에 따

---

01   원문 'Personalunion'은 동군연합(同君聯合)으로 동일한 군주를 모실 뿐 각
자의 주권을 유지하는 국가 간의 연합관계를 뜻함.

라 슈토름은 지방 법원 판사로 임명됨과 동시에 그의 지방 태수의 직은 상실되고 그의 봉급은 3분지 1이 줄어들게 되어 자신의 집 아래층을 세를 놓다.

1868 딸 프리데리케(Friederike)의 출생. 《주요 작품집 Gesammelte Schriften》의 출간.

1869 시가선(詩歌選). 《클라우디스 이래로 독일 시인들을 수록한 가정 도서 Hausbuch aus deutschen Dichtern seit Claudius》.

1870 보불전쟁(Deutsch-Französischer Krieg) 반대. 외국과의 전쟁보다 국가 내부 개혁을 위한 투쟁을 더 역설함.

1873 슈토름 자신이 겪은 경험. 첫 부인의 사망과 재혼에서 소재를 취한 《삼색 제비꽃 Viola tricolor》이 집필 완료되어 1874년에 출판업자 베스터만의 월간지 제 35권(1874년 3월)에 게재됨.

1874 《삼색제비꽃》, 《폴레 포펜슈펠러 Pole Poppenspäler》, 《숲속의 외진 곳 Waldwinkel》 책으로 출간되다.

1876 뷰르츠부르크(Würzburg)로의 여행. 《익사한 아이 Acquis submersus》 출간되다.

1877 독문학 학자 에리히 슈미트(Erich Schmidt)와 만남. 고트프리드 켈러 (Gottfired Keller)와 서신교류 시작. 《에두아르드 뫼리케에 대한 나의 회상 Meine Erinnerungen an Eduard Mörike》이 출간되다.

1878 아들 카를을 방문하기 위해 바렐(Varel)로 여행. 노벨레 《레나테 Renate》가 출간되다.

1880 퇴직과 더불어 하데마르셴(Hademarschen) 읍으로 이사하고 '노년 빌라 Altersvilla'를 짓다.

1881 '노년 빌라'에 입주. 《예산 고문관 선생님 Der Herr Etatsratd》이 출간되다.

1884 베를린으로 여행. 테오도어 폰타네(Theodor Fontane)를 위시해서 여러 저명인사들과 만남. 슈토름에게 경의를 표하기 위한 축연이 열림.

1886 바이마르로의 여행. 사회로의 재편입이 거부되는 전과자의 이야기 《제2의 자아 Ein Doppelgänger》가 집필 완료되고 1887년에 출간되다. 12월: 슈토름의 최대 역작 《백마를 탄 사람 Der Schimmelreiter》의 예비 작업

시작. 5개월에 걸친 투병 생활. 그의 아들 한스의 죽음.

1887 슈토름에게 그의 위장 암 진단을 숨김. 그의 70회 생일 축하연이 베풀어
지다.

1888 "후줌에서의 변호사이고 공증인인 나의 아들 에른스트 슈토름에게 바
침"이란 헌정사와 함께 《백마를 탄 사람》은 베를린에서 책으로 출간됨.
7월 4일: 슈토름 타계하다.